U0895201

JINGJI XINCHANGTAIXIADE
JIUYE FENGXIAN YANJIU

经济新常态下的就业风险研究

国家发展和改革委员会社会发展研究所课题组　著

中国财经出版传媒集团
经济科学出版社
Economic Science Press

图书在版编目（CIP）数据

经济新常态下的就业风险研究/国家发展和改革委员会社会发展研究所课题组著．—北京：经济科学出版社，2019．3
ISBN 978－7－5218－0352－5

Ⅰ．①经…　Ⅱ．①国…　Ⅲ．①劳动就业－风险分析－研究－中国　Ⅳ．①D669．2

中国版本图书馆 CIP 数据核字（2019）第041368号

责任编辑：刘怡斐
责任校对：曹育伟
责任印制：邱　天

经济新常态下的就业风险研究
国家发展和改革委员会社会发展研究所课题组　著
经济科学出版社出版、发行　新华书店经销
社址：北京市海淀区阜成路甲28号　邮编：100142
总编部电话：010－88191348　发行部电话：010－88191522
网址：www．esp．com．cn
电子邮件：esp@esp．com．cn
天猫网店：经济科学出版社旗舰店
网址：http：//jjkxcbs．tmall．com
北京时捷印刷有限公司印装
710×1000　16开　8．25印张　200000字
2019年9月第1版　2019年9月第1次印刷
ISBN 978－7－5218－0352－5　定价：45．00元
（图书出现印装问题，本社负责调换。电话：010－88191510）

如何看待当前的就业情况？

一、关于当前的就业情况

（一）就业总体呈稳定态势

近一段时期以来，我国的就业保持总体稳定的态势。2013～2016年，城镇新增就业连续4年保持在1300万人以上，城镇登记失业率稳定在4.0%～4.1%；31个大城市城镇调查失业率基本稳定在约5.1%。2016年，我国城镇新增就业1314万人，城镇失业人员再就业554万人，城镇困难人员就业169万人，均超额完成年初设定的目标任务；城镇登记失业率为4.02%，下降0.03个百分点，低于目标值0.48个百分点；31个大城市城镇调查失业率在波动中呈现下行趋势，尤其是在第4季度改善较为明显，降至近三年来的最低水平，同时，我国城镇调查失业率也维持在较低水平。2017年以来，就业总体稳定态势继续延续，1～2月城镇新增就业188万人，比2016年同期增加16万人。

（二）就业的结构性矛盾不断显现

1. 行业就业稳定性不够，就业风险有所加大

（1）传统行业就业岗位流失，新型服务业就业扩张不稳。从不同行业用工情况看，受预期不稳、去产能推进、机器换人等因素的影响，传统行业包括电子设备制造、煤炭、化工、钢铁、金属制品、纺织服装、零售、住宿餐饮等行业等用工需求减少，呈现区域扩散态势。2014年始，工业投资和增加值持续低迷，显示工业经济趋于收缩，吸纳就业能力下降。从制造业增加值的同比增速来看，2014年12月前增速均保持在9.5%以上，2015年以来大幅下滑，2016年增加仅有6.8%。2015年，部分生产制造类企业释放就业压力，采用机器替代人工，机器人使用量年均增速超过30%。

2016年第4季度，我国人力资源市场需求人数同比下降4%，环比

下降9.6%，东部、中部、西部地区市场招聘岗位数连续四个季度环比减少。从行业需求的同比降幅看，如图1所示，交通运输仓储和邮政业、住宿和餐饮业、批发和零售业、房地产业、居民服务和其他服务业、租赁和商务服务业、制造业等行业的用人需求减少较大。

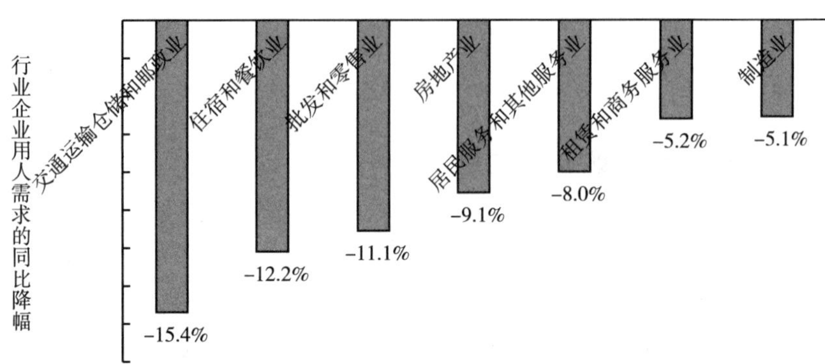

图1　2016年我国第4季度人力资源市场行业企业用人需求的同比降幅

资料来源：中国人力资源市场信息监测中心．2016年第4季度部分城市公共就业服务机构市场供求状况分析［DL］．中国就业网，2017-1-11.

(2) 产业转型升级过程中，以制造业、采矿业为代表的传统产业衰退所带来的劳动力需求冲击持续发力，并与人工成本不断上升因素叠加，对就业产生的后果已经超出预期。不仅传统行业企业用工需求萎缩，许多制造业企业纷纷裁员，采矿企业用工需求持续减少，批发零售、住宿餐饮、居民服务等生活服务业的用工需求也受到连带影响出现下降。2015年以来，制造业采购经理指数（PMI）中的从业人员指数持续低于50%的枯荣线，2017年2月为49.7%，虽比1月回升0.5个百分点，但仍表明制造业企业岗位总体处于流失状态。与此相同，2017年2月，中国非制造业商务活动指数中的从业人员指数也只有49.7%，比1月下降0.1个百分点。其中，服务业从业人员指数为48.4%，比1月下降0.2个百分点，表明服务业企业从业人员数量在减少，就业扩张动能出现衰减。据人力资源市场一线观察显示，2017年第1季度有招工计划的企业同比下降8.5个百分点，无招工计划的企业同比上升3.2个百分点。

与此同时，部分与互联网相关的新型服务业和新业态的用工需求也有所回落。这些新兴行业和新业态在经历了“井喷式”发展之后进入到平缓期，从粗放式发展阶段转入规范、调整和优化阶段，尤其是电子商务、快递物流及其关联领域、移动出行等吸纳就业量大的行业，其增加就业的动力将逐步趋缓。2016 年，信息传输、计算机服务和软件业招聘岗位数同比增速逐季回落，由第 1 季度的 37.3% 降至第 4 季度的 2.0%；交通运输、仓储和邮政业由增转降，由第 1 季度的同比增长 19.3% 转为第 4 季度的同比下降 15%。

（3）房地产业用工需求萎缩。2016 年下半年，房地产市场发展有所回暖，但是就业吸纳未达预期。为缓解房地产市场过热，不少城市房地产限购政策的密集出台，商品住宅成交量不断下降。受此影响，房地产领域的就业吸纳能力持续下降。2016 年第 4 季度部分城市公共就业服务机构市场供求状况显示，房地产业用工需求同比下降 9.1%。同时，城市间的用工需求分化比较严重。智联招聘数据显示，2016 年第 4 季度三线、二线和新一线城市房地产行业用工需求同比分别增长 61%、55% 和 45%，一线城市仅增长 12%。而随着 2017 年房地产调控市场的不断加码，房地产行业用工需求更加萎缩。

2. 企业经营状况不佳、用工需求不足直接加剧了就业矛盾

改革开放以来，吸纳就业企业的结构不断发生变化。总体趋势是，国有企业吸纳的就业人数不断下降，个体、私营企业吸纳的就业人数不断上升。从企业规模结构看，大型企业吸纳的就业人数不断下降，中小企业吸纳的就业人数不断提升。目前，我国中小企业占全国企业总数的 95% 左右，吸纳就业人数占城镇就业人口的约 80%。近两年来，随着移动互联网、APP、移动支付等新技术、新应用的出现，共享经济迅速发展，汽车共享、住宿共享等新经济形态不断涌现，催生了大量就业机会，也使得就业结构发生转变。大批新形态企业吸纳了大量的就业人员。2016 年上半年，根据 58 同城网大数据，教育、娱乐、医疗保健行业用工需求同比分别增长 57.1%、40.2%、13.6%。

企业经营状况与就业情况直接相关，经营状况较好的企业，就业情况也较好。目前最需重视的是，由于各种原因带来的一些企业经营状况不佳，引发的就业风险问题。

（1）部分产能过剩行业的大中型企业陷入转型困难时期。目前以发生活费等方式暂时“稳住”部分人员，如果这些企业的经营状况进一步恶化，则集中释放隐性失业人员的现象很有可能发生。从我国各地区情

况看，河北省、山西省、东北三省以及西南地区等去产能重点地区受影响的职工规模较大。其中，河北省到2017年底受影响的职工约54.7万人，其中，钢铁行业42.6万人、水泥行业6.5万人、平板玻璃行业5.6万人；山东省、山西省两省到2020年受影响的职工分别约为19.3万人和13.8万人；东北三省到2020年受影响的职工合计约为18.5万人。在部分资源型城市和产业相对单一的地区，特别是钢城、煤城由于产业单一、就业渠道狭窄，就业安置难度更大。

总体看，国家安置过剩产能行业企业职工及降低企业成本、支持经济困难地区和重点群体就业等一系列政策取得了一定成效。去产能行业企业中，普遍存在工人轮岗、收入下降等情况。据我们对山西省阳泉市的调研，该市资源濒临枯竭，经济转型困难，涉煤行业关停释放劳动力不断增加。2016年第3季度，全市城镇非私营单位从业人员总数下降了2.09%，在岗职工工资总额下降了1.78%，在岗职工平均工资下降2.15%。其中，煤炭行业减员降薪的问题更加严重，行业从业人员总数下降了6.74%，在岗职工工资总额下降了9.57%，在岗职工平均工资下降了7.4%。

(2) 受到宏观大形势的影响。部分小微企业经济效益下滑，利润下降，订单减少，开工不足，这就导致职工工作和加班时间减少。据国家统计局近期对全国3.9万户规模以下工业企业抽样调查，工业小型、微型企业经营状况好或很好的比例仅为1/5左右。其中，微型企业经营状况好或很好的比例仅为18%左右。企业普遍反映，目前出现了“订单荒”，尤其是广东省、浙江省、重庆市等地制造业出口企业，订单普遍减少20%~30%。

从企业用工角度，用工持续流失、招工需求趋弱在不断显现。据人力资源和社会保障部失业保险司的失业动态监测数据显示，2016年监测企业岗位仍然持续流失。2013~2016年，除了2013年有5个月和2014年有1个月没有出现岗位流失，其余月份均出现岗位流失的现象。这说明近两年来，我国企业岗位持续流失。相关调查也显示，不少企业的招工需求也趋弱。人力资源和社会保障部对宁夏回族自治区的调研显示，一些企业如西北轴承公司、宁夏钢铁公司、大河机床公司等公司出现了经济性裁员。另外，当地除钢铁、煤炭外，化工、电力、有色、建筑等行业效益持续下滑，稳岗压力增大。对一些地区的调查显示，随着原有的劳动密集型产业逐步向资本密集型和技术密集型产业转型，或者开始向周边国家转移，在不断导致新增就业岗位缩减。如，山东魏桥纺织公司进行设备更新改造，万锭需求职工数量由原来的100人降至40人，用工量同比减少2000人。江苏盐城国际妇女时装有限公司将生产订单转移到印度尼西亚，致使工厂削减了2000个工作岗位。这些情况表明，我国企业用工处于持续收缩的状态，并且呈现区域扩散的态势。显然，这与我国经济下行、内需不足、产能过剩等多重压力的影响是分不开的。

（三）相关的政策建议

针对当前行业、企业结构变动对就业的影响及就业的结构性特征，提出以下两项建议。

1. 适应经济发展新常态，实现经济增长和就业增长的良性互动

产业政策要兼顾产业优化升级和带动就业扩大两个效果，注重从提升就业结构的角度来研究产业发展政策，促进经济增长的模式由经济增长带动就业，向就业与经济增长协调发展的方向转变。要大力发展知识密集型和资本密集型服务行业。在宏观上，制定知识发展的长期战略，以及一些国家层面的发展纲要和规划，大力促进知识经济的发展。在微观上，鼓励新技术、新产品、新业态、新商业模式的产生。要着力发掘经济新业态带来的就业增长点，努力使得新业态、新产业的增长与就业增长相互促进。

2. 营造良好环境，努力化解结构性就业风险的扩大

要大力支持服务业领域的创新和创业。进一步强化政府的责任，提高就业创业服务效能；同时，积极调动社会各方面的资源，加强就业创业服务力量，激发劳动者个体的能动性，最大限度地拓宽就业领域和就业渠道。就业服务方面，适应经济社会变化的新趋势，不断改进创新就业服务方式。要出台综合性扶持政策，改善传统行业企业经营状况。如针对这些行业企业的信贷支持力度，在机构准入、资本补充、不良贷款容忍度、贷款收费等方面，实施具体的差别化监管和激励政策。对于行业从业人员，按照有关规定要求，加强技能提升和素质提升专项培训的力度。针对一些行业性就业风险和去产能可能带来的失业下岗问题等，着力考虑建立企业用工和裁员监测体系、再就业培训体系等。要进一步做好困难地区、困难行业的就业预期和研判，提早储备资金支持等相关政策。

二、关于《经济新常态下的就业风险研究》一书

就业问题是全社会关注的热点问题。长期以来，国家发展和改革委员会社会发展研究所（以下简称社会所）对就业问题予以了充分的关注，几乎每年都会投入研究力量对就业及相关问题展开研究。在社会所每年承接的研究任务中，基本科研业务经费项目是面向中青年科研人员的重要研究平台。适应经济社会形势的变化和社会各界对就业问题的高度关注，社会所2015年开展的基本科研业务经费项目研究，决定集中研究力量对“经济新常态下的就业风险”开展全方位研究，并在项目组织方式上进行了探索，包括选定课题团队并设立统筹负责人，以团队形式（而非过去个体研究形式）开展研究等。本书呈现的就是该研究团队或课题组对“经济新常态下的就业风险”问题的一项综合性研究成果。

本研究具有较开阔的研究视野，对于就业风险及相关的一些重大问题探索性地进行了实证分析。课题组首先归纳总结了国内外的相关研究进展，指出了经济新常态下我国经济发展的核心特征及其可能产生的就业风险，进一步分析了国际经济形势变化对国内就业形势的重大影响（在研究分析中，对于就业困难群体也给予了深刻关注），在上述研究基础之上，课题组提出了就业风险的测度方法，并尝试测算了就业风险指数，最后提出了经济新常态下就业风险的应对策略。

在社会各界对本项研究的大力支持和研究团队的努力下，课题研究成果最终付梓并正式出版。我们感谢财政部在基本科研业务经费方面提供的持续支持和国家发展和改革委员会宏观经济院的指导和帮助！社会所学术委员会的杨宜勇、李爽、张本波、曾红颖、邢伟、李璐等同志在开题、中期、验收阶段给本研究提出了大量建设性意见，李欧、魏义方、李浩等同志在课题协调组织等方面付出了辛勤努力，在此一并表示感谢！

希望本书的出版能够推动相关研究的进一步开展，期望社会所基本科研业务经费项目能够产生更多更好的研究成果！

常兴华

2018年12月19日于北京

目 录

第一章

就业风险的研究进展

田　帆

内容提要： 目前，我国经济已进入增长速度“换挡期”、结构调整“阵痛期”、前期刺激政策“消化期”三期叠加的经济新常态。在“十三五”规划中也明确指出：“坚持就业优先战略，实施更加积极的就业政策，创造更多就业岗位，着力解决结构性就业矛盾。”可见在此背景下，合理控制就业风险、稳定并扩大就业对我国平稳度过新常态，跨越“中等收入陷阱”而言都显得至关重要。多年以来，就业风险一直是学术界关注的重要内容，众多学者对就业风险进行了丰富的研究，从不同角度得出了很多非常有价值的结论。要想在新常态背景下更好地控制就业风险，就应当对就业风险有更为深入的研究，对可能影响就业风险的因素有更好的把握。

第一节　就业风险的含义与范畴

就业风险是指劳动者失去就业机会以及相应报酬收入的不确定性，有狭义和广义之分。狭义的就业风险是指失业，即既有劳动能力又有就业意愿的劳动者没有就业机会，从而也失去了获得劳动报酬的可能性，有自愿性失业和非自愿性失业之分。广义的就业风险还包括就业状态不稳定和就业质量不高，即劳动者失去就业机会的可能性较大，或者无法获得与劳动付出相匹配的报酬收入，或者劳动环境和劳动强度虽不如意也被迫接受。相比较而言，狭义的就业风险更为显性直观，对劳动者的负面效应更强，而就业状态不稳定和就业质量不高的主观性强一些，但有转变为失业的可能性，对其进行科学分析和全面把握的能力要求也更高。

一般来说，影响就业风险的因素主要来自劳动力供给、劳动力需求和劳动力资源的配置方式这三个方面，体现为劳动力供求的数量匹配和结构匹配。通常情况下，劳动力供给取决于人口总量、劳动适龄人口比重和劳动力参与率，在一定时期内劳动力供给具有相对稳定性，不会出现太大波动，就业风险就主要决定于劳动力需求。经济学理论认为，劳动力需求派生于产品需求，因此就业风险进一步取决于产品需求。产品需求通常分为国内需求和国际需求，因此就业风险与国际需求具有较强的关联性，国际需求占比越高，就业风险受国际因素的影响也就越大。

就业风险可分为微观和宏观两个层面（唐海燕，2008；黄波、王楚明，2010）：微观层面就业风险，是指在劳动力市场上有就业意愿的劳动者未能使其个人能力与工作岗位进行理想的结合造成的经济社会损失的可能性；宏观层面的就业风险，主要指国家或地区整体就业形势的不确定性给宏观经济发展造成负面影响的可能性。本研究主要侧重于对近年来宏观层面就业风险的研究进行综述，并将就业风险主要分为两个方面，第一方面是整体就业规模面临的风险；第二方面是局部供需失衡引发的就业难度（用工荒、招工难、就业难）。在经济领域，风险代表了投入与产出之间的一种不确定性，有广义和狭义之分。广义的风险表现为收益或代价的不确定性，伴随着风险可能带来损失，同时也可能获利，狭义的风险则主要表现为损失的不确定性，没有从中获利的可能性，本研究的风险主要指狭义的风险。

就业一直都是宏观经济运行的重要一环（J. M. Keynes，2005），而就业风险一直都被认为是可能对国家或地区宏观经济发展产生负面影响的一个重要变量。风险可以理解为一个概率问题，就业风险大小也就是就业出现问题的概率大小，这是一个相对概念，对就业会产生消极影响的变量，也就是可能会产生就业风险的变量，而对就业会产生积极推动作用的变量，也就是会抑制就业风险的变量。本研究也会从这一角度对现有文献进行综述，不仅包括专门针对就业风险的研究，还包括针对就业水平涵盖就业风险的研究，并打算按照风险产生发展的顺序来组织文章结构，将国内现有研究分为就业风险原因（前因变量）、就业风险应对（政策研究）两类进行综述。

第二节　就业风险的影响因素

通过不同方法得出的大多数研究结论表明，中国经济增长所带来的就业效应是逐渐下降的。学术界对于中国发展过程中经济增长与失业并存的关注起始于20世纪90年代“增长型失业”为我国所带来的困扰，（蒲艳萍，2006）。对于这一现象的解释，有学者提出了经济结构调整论，该理论认为由于经济、产业等结构的造成了就业增长率的下降和失业率的上升，就业并没有随着经济增长而快速增长。（刘国光，2002）。更进一步的分析表明，随着市场经济的不断发展，我国部分不能适应市场的产业不断衰退，这些产业的劳动力需求也在不断下降，被淘汰的产业引发了不小的结构性失业，同时，市场经济的发展也促进了技术的进步，一些资本密集型产业得到了壮大，资本深化的作用变得更加明显，而这也造成了对人力资本需求的下降（李勇坚，2005）。通过就业弹性测算的研究表明，经济增长带动的就业越来越少，甚至出现了两者同时增长的情况（邹薇，2003；蔡昉、都阳、高文书，2004）。还有研究表明与美国相比中国不存在动态的奥肯定律，产出与失业之间没有稳定的关系（张五六，2012），尽管我国第二产业、第三产业的经济增长与就业存在一致性，但是就业效应还是下降的（姜魏，2005）。基于面板数据的分省份动态奥肯模型测算结果表明，经济增长与失业之间负相关（魏瑾瑞，2012）。基于我国二元经济体制构建的奥肯定律结论显示，虽然我国经济增长率对劳动力的转移速度影响十分明显，但城镇失业率的变化率与经济增长率之间在统计上不显著。

当然，也有少数学者得出不同结论。有研究认为就业增长的数量效应小于其质量效应，经济增长所带来总劳动工时的增加可以实现实际就业量的增长（袭玉泉、袁志刚，2002）。还有研究认为从长期看来中国并不存在经济增长率高而就业增长率低的情况（邓志旺、蔡晓帆，2002）。如果从短期来考虑产值变化对就业影响的研究表明，如果考虑到产值变化对就业的滞后影响，那么第二产业、第三产业的长期的就业弹性实际上并不低（丁守海，2009）。还有研究发现，由于政府的大规模投资行为，使得国有企业吸纳就业份额在稳定我国就业市场中起到了一定作用（孙文凯，2014）。

这里需要特别指出的是，很多研究表明随着经济的持续增长，人民的生活水平有了普遍的提高，这也使得大学生、二代农民工等特殊群体对于就业有了更高的期望收益，这在一定程度上造成了“就业难”现象，产生了局部就业风险（赵素琴，2013；朱明骥、王晓妍，2014；苏毅清、林东坚、王志刚，2014）。同时，我国作为一个人口大国，经济的结构性调整也在一定程度上加大了就业风险，造成了就业风险的加大，如果就业结构不能随着经济结构转型而及时调整，无疑会浪费大量的人力资本，而且无论是否为结构性失业，社会无业人口数量如果不断增加将会直接威胁社会的稳定（胡学勤、陆万军，2009）。更进一步的分析表明经济结构转型过程中造成就业效应偏低的原因主要来自两个方面：一是隐性失业，当企业不景气、产量减少时，一般企业不会立即对员工进行解雇，主要是由于企业对于员工的雇佣特别是培训往往要支出较高的成本，如果在不景气时将员工解雇而等到效益提升再次雇用新的员工往往要再次支出培训成本，所以很多企业都更倾向于通过降薪、减少福利待遇等方式留住多余的员工，这些员工虽然并未失业，但产出却减少了；二是劳动力投入的边际收益递减，在其他条件不变的前提下，当劳动力投入数量与产量的增加不保持同步，劳动力投入越多，产量的增长速度就会越慢，这也在一定程度上造成了产量的变化与就业变化的不同步（汪祥春，2002）。

（一）经济发展水平

1. 产业结构

一些学者认为，产业结构的升级会产生资本对就业的排挤效应。早期有研究认为，工业化技术路线会使得经济增长越来越多地依靠资本和资源的投入，进而使得劳动投入在经济增长中的贡献率持续下降（胡鞍钢，1998；吴敬琏，2005），而边际报酬递减将可能导致过多的资本深化延缓经济增长（张军，2005）。同时资本深化和重工业化不仅导致了能源紧张和环境恶化，还会不断地弱化经济增长对就业的带动作用（詹浩勇，2010）。

另一些学者认为，资本深化和技术进步可以加快产业结构升级的步伐，进而可以拉动经济增长并促进就业。其中有研究认为，产业结构升级对我国提高就业水平提高产生了重要推力，资本、技术密集型产业集聚度较高的东部地区，促进了农村剩余劳动力向其迅速转移（王云平，2003）。还有研究揭示了，虽然我国进入门槛较低的轻工业较易出现生产过剩，但创新能力强、比较优势显著的资本、技术密集型产业仍可以带来更多的就业（武力、温锐，2006）。事实上，资本、技术密集型产业有很强的辐射效应，能够带动第三产业等相关产业发展，进而带来更多的就业机会，因此资本、技术密集型产业对我国而言有较强的吸纳就业能力（毛丰付，2012）。

2. 技术进步

作为众多学者关注的重要内容，技术进步对就业作用的多数研究的基本思路是结合经济增长来分析技术进步对就业的影响。从现有研究来看，技术进步对就业的影响即有有利的一面，也有不利的一面。

一方面，技术进步造成很多传统企业不断被淘汰，也带来了更多的失业（刘志铭、郭惠武，2007）。有研究认为，资本有机构成的提高和技术进步挤出富余的劳动力，促成了中国 20 世纪 90 年代国有工业企业大量下岗（周天勇，2006），生产率上升会抑制就业（鄂永健，2006）；技术进步会造成就业的减少（姚战琪、夏杰长，2005）。对于认为技术进步增加就业风险的观点而言，其中的关键在于尽管技术更新可以提高生产效率，挖掘潜在需求，进而增加就业需求，但实际上，技术进步对于就业的影响除了正面效应外还包括负面效应，技术进步造成的生产效率提高很大程度上是通过资本深化完成的，而这会减少对劳动力的需求量。（王旭升，2008；阎革，2002；姚战琪，2005）。

另一方面，技术进步又创造了更多的就业岗位，持该观点的经济学家由此也提出了多种补偿机制。有研究通过分析20世纪90年代我国产业结构与就业结构的相关问题，发现劳动密集型产业发展所带来的就业增长是边际递减的，而技术资金相对密集型产业反而成为增加就业人数的重要渠道（孙学工，1998）。一些研究认为，技术进步对中国的就业既有促进作用也有抑制作用，最终影响要看两个方面的比较（毕先萍，2004）。针对技术进步减少对劳动力需求进而增加就业风险的观点，也有研究指出某部门或行业对人力资本需求的减少会增加其他部门或行业的就业，而且技术进步对潜在需求的挖掘可以增加消费并创造更多的投资机会（梁晓滨，1992）；通过对中国制造业实证分析的结果表明，短期内技术进步对就业有破坏作用，但是长期来看，技术进步对就业是促进作用（陈泽聪，2011）。还有一些实证研究认为，技术进步对一国的经济发展有较显著的促进作用，但对国家就业的作用不显著（何平、骞金昌，2007；吴小松、范金、胡汉辉，2007）。

3. 城市化

总体而言，大多数研究普遍认为，城市化水平对于扩大社会就业总量和城市就业是有利的（杨宜勇，2000；刘伟德，2001；王红梅，2009；曾令华、江群、黄泽先，2007）。根据世界银行统计资料表明，国外也有学者通过截面数据分析经济发展与城镇化之间的数量关系，结果表明两者之间存在相互促进的关系（霍利斯·钱纳里，1975）。通过对世界各国城市化发展轨迹的面板数据分析表明，各国城镇化发展随着时间的推移呈现“S”形曲线发展，进程可分为30%以下的初期阶段、30%～70%的中期阶段和70%以上的后期阶段（诺瑟姆，1979）。国内一些学者以理论模型为基础，从我国的二元结构出发，探讨了城乡收入差距、贫困等因素通过影响城乡劳动力流动进而对城镇化产生的影响（高国力，1995；朱农，2005）。认为对于国外学者M. P. 托达罗（M. P. Todaro）提出的一种解决城镇化与城镇就业矛盾的政策，主要手段是通过对城乡间人口流动加以限制来实现，国内有研究指出，由于中国特殊的二元结构，如果实施此种政策不但无法解决矛盾，反而会适得其反，引导农村剩余劳动力向城镇合理流动才是符合中国现实的必然路径（周天勇，2001）。还有学者从理性经济人假设出发，提出了农村劳动力根据城市就业概率做出流动决策的“开源断流”模型，在两个方面提出了政策启示：一是消除农村劳动力向城镇流动的制度性障碍；二是对农村劳动力的增长速度应当给予一定控制。还有研究以刘易斯模型为出发点，动态地分析了劳动力的地域流动与职业转移，由于职业转移的成本往往要低于地域流动成本，而农村剩余劳动力之所以多为地域流动主要是因为在经过职业转移过程之后，乡镇企业运营效率低下的问题并未得到改善，对劳动力的吸纳能力会持续下降，最终导致了地域流动（朱农，2005）。在外来就业人口造成流入地人力资源市场改变的分析中发现，对于一个城镇而言，外来农村劳动力对其的影响是有限的（丁金宏，1995），当然，外来人口在就业过程中总会受到歧视，来到城镇就业的农村流动劳动力也不例外（朱镜德，1999；李建民，2002）；通过城镇化与就业弹性系数的相关性分析表明，1979～1989 年的相关系数仅为 0.094，1991～2003 年迅速上升到了 0.796，这主要是由于改革开放初期我国政策重点是解放农村生产力，而20 世纪 90 年代后，改革重点开始向城市转移造成的（杨宜勇、顾严、魏恒，2000）。

技术上更深一步的定量研究中，很多研究基于单位根检验、协整检验、格兰杰因果关系检验（Granger）、向量自回归模型（VAR）模型、脉冲响应函数等时间序列问题常用方法对城市化与就业的相互影响进行了分析，其中格兰杰因果关系检验的结果表明，城市化是就业增长的格兰杰原因，而就业增长不是城镇化水平的格兰杰原因（汪泓、崔开昌，2012），同时城镇化还是第一产业、第二产业就业比重的格兰杰原因（刘爱英、姚丽芬，2011；谭岚，2014），脉冲响应及方差分解的结果表明，城镇化水平在很长一段时间会对就业增长有较强的推动作用，但由于边际效用递减原理，这种推动作用会随着时间的推移逐渐下降（汪泓、崔开昌，2012），同时还发现，第一产业就业的下降速度随着城镇化率的上升而不断上升，第二产业就业的上升速度在城市化率上升的前中期会不断上升，后期会逐渐下降，主要是由于人口向城镇集聚会造成产业结构调整（谭岚，2014）。面板数据的研究结果同样表明，城镇化的发展可以促进城镇就业水平，带动第二产业、第三产业发展（黄明、耿中元，2012；黄颖，2014）。

同时也有研究指出，从更长远的角度看，城镇化的发展有可能会加剧城乡发展不平衡，引发更多的二元经济矛盾，进而增加解决农村剩余劳动力转移就业问题的难度（李家祥、李喆，2013；李亦楠、邱红，2014）。

这里同样需要指出，一些研究认为，随着城镇化的发展，很多城市的经济发展水平及地区间城镇发展水平的差异都在不断变化，这种变化也在不断改变着农民工去不同城市务工的机会成本，而这也成为“用工荒”问题的一个原因（陈松洲，2014；李浩，2014；蓝琦，2014）。

（二）国际经贸关系

1. 汇率

在开放经济条件下，汇率变动无疑会对本国就业产生一定的影响。较为经典的研究均表明，汇率变动或多或少都会在不同程度上对就业产生一定的影响。该方面研究总体上可以分为两类：一是汇率变动对整体就业趋势影响的研究；二是研究汇率变动对就业结构影响的研究。

第一类研究的主流观点认为，汇率与就业有显著的负相关关系（鄂永健、丁剑平，2005；沙文兵，2009；刘刚、胡立，2012；毛日昇，2013）。通过普通回归或协整方程的分析结果表明，实际汇率贬值对就业会产生促进作用，实际汇率的波动将会通过企业对其升贬值的预期、实际汇率与企业进口和来自国内的投入的关联等渠道对就业水平产生影响（范言慧、宋旺，2005；鄂永健、丁剑平，2005），格兰杰因果关系检验和脉冲响应函数的分析结果也表明，中国就业与实际汇率显著负相关（王孝成、于津平，2010），通过 GMM 法对面板回归模型进行的参数估计结果同样表明，假定在其他因素不变的情况下，人民币实际有效汇率升值会造成工业行业净就业水平下降（毛日昇，2013）。货币升值对就业的影响，会根据升值速度的不同而不同，假如本国货币在短期内大幅升值，那么对出口企业的心理预期将会产生很大的冲击，外商直接投资也会减少，这些都会对就业产生负面影响，假如货币能够缓步升值，那么给就业造成的压力也会较小（何新华，2003），而且即便在短期存在一定负面影响，但能在长期提高企业生产效率，加快技术进步并提升出口产品质量（金雪军、郭舒萍，2004）。另有观点认为，汇率与就业在一定情况下会存在正相关关系（宿伟建，2010），如果人民币在适度范围内升值，同时部门间的资源流动壁垒减少，将会对就业产生积极的推动作用（丁剑平、王璐，2006）。

第二类研究中大部分将就业结构从贸易和非贸易两部门角度进行考察，也有按产业或地区结构划分而展开研究的，前者多以制造业行业为主要研究对象，后者则侧重于就业人口在不同地区之间的分布状态。按贸易部门和非贸易部门方式划分的研究结果表明，贸易部门就业受实际有效汇率的影响要大于非贸易部门（王刚贞、张卓成，2013）。汇率对制造业就业影响的研究结果表明，实际汇率升值会导致制造业就业水平下降，同时进口投入水平上升或出口份额下降会部分抵消汇率升值对就业增长的不利影响（徐伟呈、范爱军，2014）。还有研究表明，劳动密集型企业的汇率弹性大于资本密集型企业，低生产率企业和高生产率企业的汇率弹性差距不明显，低生产率企业略高；由于国有企业就业决策会受行政编制影响，因此国有企业的汇率弹性要低于私营企业和外资企业（戴觅、徐建炜、施炳展，2013）。

2. 进出口贸易

随着中国进出口贸易的迅速发展，进出口贸易对中国社会就业的影响也不断增强。基于经济学原理，出口对国内产品需求的扩大可以不断创造新的就业机会；而进口对国内产品需求的减少会消减部分就业机会，但进口也会通过推动技术进步的途径创造新的就业岗位（戴旻乐，2013）。中国加入 WTO 后，进出口相关行业的就业人数越来越多，对此不同角度的研究也产生了不同的观点。基于风险角度，中国产业结构发展的不合理及就业人数分布的不均匀导致就业的对外依赖性较强，从而加大了就业风险（朱李平，2011）；基于进出口差异，进出口贸易对服务业就业有正向促进作用，但服务进口贸易对就业的拉动作用更显著（魏君英、张明如，2013）；基于产业差异角度，工业品进出口贸易对就业的作用都为正效应，出口的就业效应大于进口的就业效应（冯其云，2014），而服务贸易的就业效应大于工业贸易，通过发展服务贸易比发展工业贸易能够更为有效的促进就业（周申、廖伟兵，2006）。

与上述观点相反，对于进出口贸易对就业产生的影响，部分学者持消极观点。进出口贸易在一定程度上对就业呈现负面影响，其中，进口贸易的负面影响主要表现为中间品进口对高技能劳动力的替代效应，而出口贸易的负面影响主要发生在劳动密集型行业（唐东波，2011）。具体到服务业而言，服务贸易进出口与第三产业就业的相关性为出口正相关，进口负相关，并且从长期来看，进口的负拉动效应大于出口的正拉动效应（崔猛，2010）。

（三）社会发展水平

1. 教育培训

大学生的就业难问题一直是社会领域的一个热门话题，随着我国对大学本科的不断扩招，“脑体倒挂”“读书无用论”等观点也占据了一定舆论市场（姚先国、张海峰、乐君杰，2014）。一般认为，高等教育的快速扩张无疑是大学生就业难的一个重要外因（周巧云，2015），同时也有很多研究认为，大学本科生的很多课程设置并不合理，对本科生职业技能培养的重视不足，无法有效地对接市场需求，对于大学生的就业起不到任何帮助（朱明骥、王晓妍，2014；吕霞云，2015），再加上“80 后”“90 后”毕业生多为独生子女，缺乏吃苦耐劳的精神，再加上受“学而优则仕”等传统观念影响，使得众多高校毕业生对工作薪酬、工作环境、工作性质等方面的期望一直居高不下（汪健，2014；吴高波，2015），同时也造成了众多本科生自愿性失业。此外，由于我国的高考制度，使得莘莘学子为了考上理想的大学，在高中阶段付出了极大的努力，踏入高校大门后很多学生都会在学业上有很大懈怠，忽视了专业素质的提高，而这也是造成大学生就业难的另一个原因（朱明骥、王晓妍，2014）。

在对大学生就业难问题的众多研究中，有一部分专门聚焦于了女大学生的就业难等问题，一些研究认为，传统文化中的性别歧视和偏见造成了社会很多群体对女性能力的质疑（杨伟英、张希胜、冯燕，2014），同时我国明文规定企业不得在女性四期（经期、孕期、产期、哺乳期）期间降低其基本工资或者解除劳动合同，这些条款虽然考虑了女性特殊时期的生理状况，但也变相地增加了企业的负担，使得企业在同等条件下更愿意雇用男性（杨玲玲，2014）。

就业难不仅体现在大学生身上，农民工同样存在就业难的问题，由于我国的产业转型升级，造成了企业对技能型、高素质农民工的需求不断提高（胡放之，2012；牛建林，2015），同时对于企业而言，培养农民工需要承担较大的成本，而农民工和贫困人口接受教育又有较大难度，造成了技术型农民工逐步走向短缺，技术能力较低的农民工在很多时候都因无法满足市场需求而面临着就业难（周毕芬、阙春萍，2012）。

我国的大学教育体制存在的问题以及职业技能培训市场的相对落后，在造成大学生和农民工就业难的同时，也极大地造成了企业的招工难（郭华生，2011；周毕芬、阙春萍，2012；胡放之，2012）。

2. 人口结构

研究普遍认为，随着我国人口老龄化的不断加剧，人口抚养比将在不断下降，劳动年龄人口将会不断减少，劳动力供给数量将会逐渐降低（郭瑜，2013）。在这一下降过程中，中青年劳动力将会率先出现下降，同时低劳动年龄人口由于学生较多，劳动参与率也较低，因此随着人口老龄化也将会造成劳动参与率随之下降（童玉芬，2014）。

我国经济发展一直不平衡，“北京、上海、广州”等地区发展较快，就业环境好，吸引了无数人才，产生了人才的集聚效应（孙健、孙启文、孙嘉琦，2007），使得越来越多的大学生对发达地区更为青睐，而大城市就业拥堵不断加剧，边远地区越发缺乏吸引力，这也是大学生就业难的另一个原因（朱明骥、王晓妍，2014；周巧云，2015）。

20 世纪 80 ~ 90 年代，曾有大批的中西部地区农民工向着东南沿海方向流动，而随着中西部地区的崛起，东部、中部、西部地区农民工的收入差距逐渐减少，这也使得向东部流动的农民工数量不断减少，这让东部地区的很多企业感受到了非常激烈的“用工荒”（张翼、刘影翔，2011；李传志、张兵，2015）。

3. 人力资本

人力资本水平的提升途径主要包括两个方面：人力资本培养和人力资本引进，诺贝尔经济学奖得主 T. W. 舒尔茨（T. W. Schultz）提出，由于人力资本水平不足引起的劳动力资本与物质资本的不匹配，而这一问题很难通过人才引进的方式加以解决，必须同样培养提高自身的人力资本素质。

在中国城镇化进程中，劳动力在城乡之间的转移与人力资本投资间存在相互影响，农村劳动力平均素质较低是中国农村剩余劳动力向城镇迁移速度缓慢的重要原因，促进农村劳动力提升自身素质水平，克服有限理性，对减少农民工就业风险而言是有积极影响的（蔡新会，2004）。一个地区农村的教育水平是影响农村劳动力转移顺利与否的重要因素，基本公共教育服务在城乡间的不均等、农村教育经费投入水平较低直接造成了农村教育水平的低下，而教育水平作为农民素质提升的重要形式，直接影响了农村劳动力的转移（韩秀华，2006）。可以认为，让农村劳动力接受基本公共教育服务，是使农村劳动力外出打工、向城市流动的先决条件（都阳，1999）。从消灭贫困人口的路径选择看来，提升农村人力资本质量可以加速城乡人力资本流动，进而可以有效地缓解贫困问题（陆杰华，1999）。还有实证分析表明，对人力资本的教育投资可以延长教育年限，而教育年限的延长会降低劳动参与率，劳动参与率的降低可以缓解对城镇就业的冲击（宋丽敏，2007）。

从人力资本及农村人口迁移动机、迁移方式来看，文盲、小学文化程度等受教育程度较差、人力资本水平较低的农村人力资本，往往比较缺乏判断能力，也很难适应陌生环境，同时，这些人也很难通过向农村流动来改善自己的经济情况（黄银，2002）。也有研究分析了农民工回流农村问题，发现人力资本水平在其中起到了很大作用，农民工拥有的人力资本水平越高，越容易适应城市的就业环境，回流的可能性也会越小（白南生，1997）。在对就业意愿选择的研究中也发现，农民工如果受教育程度较低，在城市的工作就会很不稳定，一般也不会有很大的在城市长期谋生的意愿（马涛，2003）。

第三节　就业风险的应对政策

首先有一些研究认为，应当更好地深化改革，随着互联网的发展及基础设施的互联互通不断培育新的经济增长点（蔺思涛，2015），同时破除现代服务业发展障碍，大力发展第三产业，增加就业岗位（张洁，2015），还应当认真贯彻落实中央精神，通过税收优惠减免、减息免息小额信贷等手段积极引导和扶持新兴产业中的高风险或初期营利能力较差的创业型中小企业，使中小企业发展的同时创造更多就业岗位（李爽、王阳、谭永生，2013）。

对就业的监测方面，有研究指出，应当完善就业监测制度，对用工量较大单位进行动态监测，及时了解人员总量、结构、入职原因等信息，同时建立失业预警制度，在对企业岗位增减情况准确掌握的基础之上，分析判断地区失业总体情况，还应建立用工监测机制，掌握离职人数、结构、原因等信息（李爽、王阳、谭永生，2013）。

就业服务方面，有研究指出政府应当加快公共就业服务信息化建设，就业服务信息网络不断向乡镇、社区延伸，全面打造涵盖各级的就业服务平台（吴仕英，2015），同时，还应全面落实就业服务实名制管理和企业空岗报告制度，全面提升一线就业服务工作人员的素质和水平，大力提高群众获得就业服务的效率与质量（贾利平，2015）。

职业培训方面，有研究指出，应当不断加强各类培训，完善职业技能分类及鉴定体系，通过职业技能培训加强农民工等低技能群体等就业适应性，通过再就业培训增强失业人员的再就业能力（张洁，2015）。应当深入落实教育部、国家发展和改革委员会等六部门联合下发的《现代职业教育体系建设规划（2014～2020年）》中的各项措施，依托职业教育发展全面提高各类劳动者劳动技能，不断积累人口红利，提升劳动者自身及国家的整体竞争力（蔺思涛，2015）。

促进高校毕业生就业的政策方面，已有研究认为，应当优化大学生的课程设置，更好地对接用人单位需求，与市场经济的发展相适应，对于创业的毕业生应当给予一定形式的奖励和支持，确保创业毕业生得到一定的政策支持和制度保障（权琨、石立博，2015），还应当加强大学生的就业指导，建立高水平的大学生就业指导团队，培养大学生的就业观和诚信意识（谢琰、胡倩，2015）。

除高校毕业生外，促进创业的政策研究还指出应当通过一系列优惠政策的实施，对创业人员在市场准入、税费减免、贷款贴息、就业服务等方面给予优惠和扶持，将人民群众中潜藏的创业动能充分挖掘出来（蔺思涛，2015），各地区还应当加强创业园区及创业孵化基地建设，通过自主创业带动就业（贾利平，2015）。

此外，有研究指出，更好地完善社会保险体系可以促进就业创业，完善养老保险的全国统筹可以解决很多农民工养老的后顾之忧，扩大稳岗补贴覆盖面可以更好地发挥失业保险促进就业的作用（吴仕英，2015）。还有研究特别指出，我国残疾人登记失业率为10%，将近600万人的智力障碍者中就业率不足一成，因此，应当不断加大对残疾人就业的支持（杨宜勇、黄燕东，2015）。

以上学者的研究，相互补充、相互促进，共同将就业风险领域的研究引向了深入，在之后的研究中，还可以在以下四个方面进一步加深。一是应更多地关注国际形势变化对就业风险的影响。当今世界，全球经济还未完全从上一轮金融危机的阴霾中走出、恐怖主义和极端势力的威胁增多、乌克兰危机以及我国“一带一路”倡议的实施等因素都会对就业风险产生新的影响，以后的研究应当对这些因素进行更多的关注。二是应更多地关注困难群体就业风险研究。虽然经济下行压力较大，但众多专家学者普遍判断我国未来整体就业水平仍将保持稳定，但局部性的就业压力不容忽视，在之后的研究中，对于低技能农民工、“40、50”人员、残疾人的就业问题可以进行更为深入的研究。三是可尝试利用结构方程进行影响因素分析。众多学者通过相关分析、回归、VAR模式、格兰杰因果关系检验等方法对于经济增长、技术进步、国际贸易等很多就业风险的影响进行了测算，这其中很多研究关注了一种或某几种影响因素，在多因素对就业风险的研究中，测算方法以传统的多元回归模型为主。然而，很多就业风险的影响因素不只对就业风险会产生影响，同时他们之间也会相互影响，自变量之间相关性较强会影响回归模式结果的准确性，之后的研究应当尝试利用结构方程解决这一技术性问题。四是局部上应更多关注促进人力资本合理流动。人力资本作为一种资本，其合理的流动可以优化资源配置，提升经济效率，同样在很大程度上可以缓解甚至促进就业，这一点不仅体现在就业岗位的充分利用上，同时人才的集聚效应可以促进技术进步，加快经济体制改革步伐，进而拉动创业创造更多就业岗位，之后可以尝试展开对于人力资本流动对就业风险影响的研究。

参考文献

[1] 徐海．我国三次产业间的结构性失业研究［J］．经济纵横，1999（8）：40－41.

[2] 郑程．教育—就业结构与就业—产业结构双联动：缓解劳动力市场结构性矛盾的新视角［D］．杭州：浙江大学硕士学位论文，2011.

[3] 白南生．走出乡村——中国农村劳动力流动实证研究［M］．北京：经济科学出版社，1997.

[4] 毕先萍，李正友．技术进步对就业的综合作用机制及社会福利影响研究［J］．中国软科学，2004（5）：150－155.

[5] 蔡昉，都阳，高文书．就业弹性、自然失业和宏观经济政策——为什么经济增长没有带来显性就业？［J］．经济研究，2004（9）.

[6] 蔡新会．中国城市化过程中的城乡劳动力迁移研究——根据人力资本投资的视角［D］．复旦大学，2004（4）.

[7] 曾咏梅．应对国有企业隐性失业［J］．经贸导刊，2003（Z1）：34.

[8] 陈松洲．广东企业“用工荒”的原因及解决策略［J］．南方职业教育学刊，2014（9）.

[9] 陈泽聪．我国制造业技术进步的就业效应——基于25个行业的实证分析［J］．科技进步与对策，2011（1）.

[10] 谌新民．当前的结构性失业与再就业［J］．经济学家，1999（4）：51－56.

[11] 崔猛．中国服务进出口贸易对第三产业就业效应——基于1982到2008年的VAR和VEC的计量分析［J］．科技创新月刊，2011（1）.

[12] 戴觅，徐建炜，施炳展．人民币汇率冲击与制造业就业——来自企业数据的经验

证据［J］. 管理世界，2013（11）.

［13］戴旻乐．进出口贸易对就业的影响分析［J］. 中国统计，2013（4）.

［14］邓志旺、蔡晓帆．就业弹性系数急剧下降：事实还是假象［J］. 人口与经济，2002（10）.

［15］丁剑平，鄂永健．实际汇率、工资和就业——对中国贸易部门和非贸易部门的实证研究［J］. 财经研究，2005（11）.

［16］丁剑平，王璐．汇率升值对就业影响的中日比较［J］. 现代日本经济，2006（2）.

［17］丁金宏，吴绍中，孙小铭，黄晨熹．外来民工对上海市职工再就业的影响及对策研究［J］. 人口学刊，1995（3）：3－11.

［18］丁守海．中国就业弹性究竟有多大？［J］. 世界经济，2009（5）.

［19］都阳．迁移与减贫——来自农户调查的经验研究［J］. 中国人口科学，2003（4）.

［20］鄂永健，丁剑平．实际汇率与就业——基于内生劳动力供给的跨期均衡分析［J］. 财经研究，2006（4）.

［21］鄂永健．货币政策与就业：一个带有内生劳动力供给的 MIU 模型［J］. 世界经济，2006（7）.

［22］冯其云．贸易开放、技术进步对中国就业变动的影响［D］. 南开大学，2014.

［23］高国力．区域经济发展与劳动力迁移［J］. 南开经济研究，1995（2）：27－32.

［24］龚东华．浅谈农村隐性失业人口的统计方法［J］. 现代商业，2008（2）：266－267.

［25］龚玉泉，袁志刚．中国经济增长与就业增长的非一致性及其形成机理［J］. 经济学动态，2002（10）.

［26］郭华生．我国“招工难”和“就业难”并存的现象探析［J］. 特区经济，2011（11）.

［27］郭瑜．人口老龄化对中国劳动力供给的影响［J］. 经济理论与经济管理，2013（11）.

［28］韩秀华．中国二元教育下的农村劳动力转移问题研究［J］. 西北大学，2006.

［29］何景熙．人力资本投资：应对“三农”问题的战略选择——关于实施农村人力资源开发工程的思考［J］. 人口研究，2002（6）：7－13.

［30］何平，骞金昌．中国制造业：技术进步与就业增长实证分析［J］. 统计研究，2007（9）.

［31］何新华，吴海英，刘仕国．人民币汇率调整对中国宏观经济的影响［J］. 世界经济，2003（11）：46－20.

［32］侯鸿翔，王媛，樊茂勇．中国农村隐性失业问题研究［J］. 中国农村观察，2000（5）：30－35＋81.

［33］胡鞍钢．中国城镇失业状况分析［J］. 管理世界，1998（4）：47－63.

［34］胡鞍钢．中国就业状况分析［J］. 中国就业状况分析，1997（5）.

［35］胡放之．“招工难、就业难”并存的原因及解决对策［J］. 湖北社会科学，2012（8）.

[36] 胡学勤，陆万军．我国经济增长中就业效应不足问题的成因及对策［J］．经济纵横，2009（6）：20－23.

[37] 黄波，王楚明．基于排序 logit 模型的城镇就业风险分析与预测［J］．中国软科学，2010（4）.

[38] 黄明，耿中元．我国城镇化与城镇就业的实证研究［J］．中国管理科学，2012（11）.

[39] 黄颖．基于面板数据模型下城镇化发展与就业结构的实证分析［D］．西南财经大学，2014.

[40] 霍燕．关于农村转移劳动力中存在的隐性失业问题的探讨［J］．科技情报开发与经济，2008（3）：109－111.

[41] 贾利平．试论“十二五”期间我市就业形势及对策［J］．内蒙古煤炭经济，2015（2）.

[42] 姜巍．奥肯定律与扩大的奥肯定律模型估计——基于中国就业与经济增长的数量关系实证（1978－2003）［J］．中国商人，2005（6）.

[43] 金雪军，郭舒萍．人民币汇率变动对我国就业状况的影响［1］．新金融，2004（12）：16－19.

[44] 康就升．城镇结构性失业分析及其治理［J］．岭南学刊，2003（4）：83－87.

[45] 蓝琦．浙江省“用工荒”原因的研究——基于刘易斯拐点的实证分析［D］．兰州商学院，2014.

[46] 李传志，张兵．珠三角“用工荒”的思考［J］．经济问题，2015（8）.

[47] 李浩．武汉市“用工荒”的原因分析及改善措施［D］．华中师范大学，2014.

[48] 李家祥，李喆．城镇化与农村转移劳动力就业［J］．中国特色社会主义研究，2013（1）.

[49] 李建德．我国面对的结构性失业及其缓解的对策［J］．企业经济，1995（3）.

[50] 李建民．人力资本与经济持续增长［J］．南开经济研究，1999（4）：2－7.

[51] 李梦花，聂思玥．国内外结构性失业研究文献述评［J］．当代经济，2011（2）：152－153.

[52] 李爽，谭永生，王阳．当前就业形势及 2014 年展望［J］．宏观经济管理，2013（12）.

[53] 李亦楠，邱红．新型城镇化过程中农村剩余劳动力转移就业研究［J］．人口学刊，2014（6）.

[54] 李勇坚．经济增长中的服务业：理论综述与实证分析［J］．财经论丛（浙江财经学院学报），2005（5）：1－7.

[55] 李正友，毕先萍．技术进步的就业效应：一个理论分析框架［J］．经济评论，2004（2）：21－24.

[56] 梁平，梁彭勇等．我国对外贸易就业效应的区域差异分析——基于省级面板数据的检验［J］．世界经济研究，2005：45－52.

[57] 梁晓滨．美国劳动力市场［M］．北京：中国社会科学出版社，1992.

［58］蔺思涛．经济新常态下我国就业形势的变化与政策创新［J］．中州学刊，2015（2）．

［59］凌培亮，吴少红．结构性失业及教育对策［J］．中国职业技术教育，1995（10）：7－8．

［60］刘爱英，姚丽芬．中国城镇化水平和就业结构关系的协整分析［J］．特区经济，2011（2）．

［61］刘刚，胡立．汇率、工资和经济增长对我国就业的影响：1994～2010——基于制造业动态面板数据的实证检验［J］．产业经济研究，2012（3）．

［62］刘国光．现实经济增长率的提升与政策取向［J］．经济学动态，2002（11）：4－7．

［63］刘志铭，郭惠武．技术进步、经济增长与失业：新古典熊彼特主义经济理论的新进展［J］．财经科学，2007（9）．

［64］刘助光．国有企业的隐性失业问题及其解决途径［J］．经济问题探索，1996（10）：22－23．

［65］陆杰华．人力资源开发与缓解贫困［M］．北京：中国人口出版社，1999．

［66］吕霞云．大学生就业难问题探析［J］．经济管理者，2015（1）．

［67］毛丰付，潘加顺．资本深化、产业结构与中国城市劳动生产率［J］．中国工业经济，2012（10）．

［68］毛日昇．人民币实际汇率变化如何影响工业行业就业？［J］．经济研究，2013（3）．

［69］孟宪生，关凤利．国外关于隐性失业公开化问题的理论、实践及其对我国的启示［J］．特区经济，2005（11）：31－32．

［70］牛健林．城市“用工荒”背景下流动人口的返乡决策与人力资本的关系研究［J］．人口研究，2015（3）．

［71］蒲艳萍．转型期的中国经济增长、就业与公共政策［D］．重庆大学，2006．

［72］权琨，石立博．新形势下高校毕业生拓宽就业渠道的途径研究［J］．科技风，2015（12）．

［73］沙文兵．基于VAR模型的人民币有效汇率就业效应［J］．商业研究，2010（2）．

［74］沙文兵．人民币实际有效汇率的水平与波动性对就业的影响——基于东部地区面板数据的实证分析［J］．世界经济研究，2009（4）．

［75］舒尔茨．改造传统农业［M］．梁小民译．北京：商务印书馆，2007．

［76］宋丽敏．中国人口城市化与城镇就业问题研究［D］．辽宁大学，2007（5）．

［77］苏毅清，林东坚，王志刚．中小企业用工荒问题解析［J］．郑州航空工业管理学院学报，2014（10）．

［78］孙健，孙启文，孙嘉琦．中国不同地区人才集聚模式研究［J］．人口与经济，2007（3）．

［79］孙立．转型中国隐性失业分析与治理［M］．北京：中国经济出版社，2005．

［80］孙文凯．中国近年来经济增长与就业增长间数量关系的解释［J］．经济理论与管理，2014（1）．

［81］孙学工．90年代中国的就业与产业结构调整［J］．管理世界，1998（3）．

［82］谭岚．城市化的就业增长效应比较研究［J］．中国集体经济，2013（12）．

［83］谭永生．高校毕业生失业保障存在的问题及对策建议［J］．中国人力资源开发，2012（6）：77－80．

［84］唐东波．全球化对中国就业结构的影响［J］．世界经济，2011（9）．

［85］唐海燕．中国经济运行风险研究报告2008［M］．上海：立信会计出版社，2008．

［86］童玉芬．人口老龄化过程中我国劳动力供给变化特点及面临的挑战［J］．人口研究，2014（3）．

［87］汪泓，崔开昌．中国就业增长与城镇化水平关系的实证研究［J］．南京社会科学，2012（8）．

［88］汪健．当前大学生就业难成因与对策分析［J］．教育教学论坛，2014（12）．

［89］汪祥春．解读奥肯定律——论失业率与GDP增长的数量关系［J］．宏观经济研究，2002（1）：60－62．

［90］王诚．当前经济增长中的失业及其治理［J］．浙江社会科学，2000（5）．

［91］王刚贞，张卓成．人民币汇率对就业的影响路径及实证研究［J］．上海金融，2013（2）．

［92］王孝成，于津平．中国制造业行业就业影响因素研究［J］．经济评论，2010（3）．

［93］王旭升．中国经济增长与就业增长非一致性问题研究［D］．辽宁大学，2008．

［94］王云平．产业结构调整与升级：解决就业问题的选择［J］．当代财经，2003（3）．

［95］王子蕲．大学毕业生“自愿性失业”的成因及对策分析［J］．中国大学生就业，2013（16）：3－7．

［96］隗斌贤．我国隐性失业的特征、成因与对策研究［J］．经济界，2001（5）：31－34．

［97］魏瑾瑞．基于动态面板数据模型的失业与经济增长的再考察［J］．中国经济问题，2012（1）．

［98］魏君英，张明如．服务贸易对我国服务业就业的影响［J］．广东商学院学报，2013（1）．

［99］吴高波．大众化高等教育背景下大学生就业难的思考与对策［J］．山东科技大学学报（社会科学版），2015（6）．

［100］吴宏洛，王来法．城市化与就业结构偏差的相关性分析［J］．东南学术，2004（1）：77－83．

［101］吴敬琏．破解中国就业难题［J］．中国经济周刊，2004（1）．

［102］吴小松，范金，胡汉辉．我国就业增长与结构变迁的影响因素：基于SDA的分析［J］．经济科学，2007（2）．

［103］武力，温锐．1949年以来中国工业化的“轻、重”之辨［J］．经济研究，2006（9）．

［104］夏杰长．消除国有企业隐性失业与完善失业保障制度［J］．管理世界，2000（2）：129－133．

［105］谢琰，胡倩．大学生就业形势困难分析及对策［J］．亚太教育，2015（12）．

［106］熊斌．关于我国的结构性失业分析与治理［J］．人口与经济，2001（3）：52－56.

［107］宿伟健．人民币升值对山东省制造业就业影响的研究［D］．山东财经大学，2012.

［108］徐伟呈，范爱军．人民币实际汇率变动对就业的影响——基于中国制造业总体的实证研究［J］．世界经济研究，2014（10）.

［109］严燕飞．结构性失业的概念界定及类型研究［J］．山东教育学院学报，2003（5）：39－42.

［110］阎革．我国就业弹性系数迅速下降的原因［J］．广西社会科学，2002（6）：50－52.

［111］杨亮，白清平．当前我国的结构性失业问题及解决对策［J］．西北工业大学学报（社会科学版），2006（2）：20－22.

［112］杨玲玲．浅析女大学生就业难的原因及解决对策［J］．延边党校学报，2014（10）.

［113］杨伟英，张希胜，冯燕．当前女大学生就业难问题的原因及对策分析［J］．湖州职业技术学院学报，2014（9）.

［114］杨宜勇，顾严，魏恒．我国城市化进程与就业增长相关分析［J］．教学与研究，2005（4）.

［115］杨宜勇，黄燕东．2014～2015年中国就业形势分析与预测［J］．经济研究参考，2015（1）.

［116］杨宜勇．我国社区就业发展状况调查［J］．经济学家，2001（3）：33－39.

［117］杨宜勇．城市化创造就业机会与城市就业空间分析［J］．管理世界，2000（2）.

［118］姚先国，张海峰，乐君杰．产业转型与大学生就业难［J］．劳动经济研究，2014（5）.

［119］姚战琪，夏杰长．资本深化、技术进步对中国就业效应的经验分析［J］．世界经济，2005（1）：58－67＋80.

［120］姚战琪，夏杰长．资本深化、技术进步对中国就业效应的经验分析［J］．世界经济，2005（1）.

［121］于建嵘．中国隐性失业问题隐忧［J］．人民论坛，2016（3）：80－81.

［122］俞会新，薛敬孝．中国贸易自由化对工业就业的影响［J］．世界经济，2002（10）：10－13.

［123］袁志刚，黄立明．国有企业隐性失业与国有企业绩效［J］．管理世界，2002（5）：42－46＋54.

［124］［英］约翰·梅纳德·凯恩斯．就业、利息和货币通论［M］．徐毓丹，译．上海：世界图书出版公司，2013.

［125］詹浩勇．我国产业结构变迁与就业的互动关系探析［J］．现代经济探讨，2010（3）.

［126］张车伟，蔡昉．就业弹性的变化趋势研究［J］．中国工业经济，2002（5）.

[127] 张洁. 当前我国就业形势分析及应对策略 [J]. 西部金融, 2015 (1).

[128] 张军. 中国经济发展: 为增长而竞争 [J]. 世界经济文汇, 2005 (10).

[129] 张木亮, 赛晓序. 转轨时期我国农村隐性失业问题探析 [J]. 甘肃农业, 2007 (2): 29-30.

[130] 张五六. 动态奥肯定律理论在中美数据中的检验与比较 [J]. 贵州财经学院学报, 2012.

[131] 张翼, 刘影翔. 人口结构变化与中国的"招工难" [J]. 中国特色社会主义, 2011 (6).

[132] 赵素琴. 大学生就业难与企业用工荒的悖论性并存探析 [J]. 管理学研究, 2013 (4).

[133] 赵耀辉. 中国农村劳动力流动及教育在其中的作用———以四川省为基础的研究 [J]. 经济研究, 1997 (2): 37-42+73.

[134] 周巧云. 大学生就业难和企业招工难问题探析 [J]. 人民论坛, 2015 (5).

[135] 周申. 贸易自由化对中国工业劳动力需求弹性影响的经验研究 [J]. 世界经济, 2006 (2): 31-40.

[136] 周姝彤. 高校毕业生结构性失业原因及其治理 [J]. 中国电力教育, 2012 (5): 118-120.

[137] 周天勇. 低就业暴露出高增长的尴尬 [J]. 中国经济信息, 2006 (5).

[138] 周天勇. 托达罗模型的缺陷及其相反的政策含义——中国剩余劳动力转移和就业容量扩张的思路 [J]. 经济研究, 2001 (3): 75-82.

[139] 朱宝树. 转轨时期城镇隐性失业问题的再思考 [J]. 华东师范大学学报 (哲学社会科学版), 2001 (4): 91-96+127.

[140] 朱镜德. 中国三元劳动力市场格局下的两阶段乡—城迁移理论 [J]. 中国人口科学, 1999 (1): 7-12.

[141] 朱李平. 中国对外贸易就业效应——基于投入产出分析方法 [J]. 无锡商业职业技术学院学报, 2011 (8).

[142] 朱明骥, 王晓妍. 大学生就业难问题的原因及对策 [J]. 科技导刊, 2014 (10).

[143] 朱农. 贫困、不平等和农村非农产业的发展 [J]. 经济学 (季刊), 2005 (4): 167-188.

[144] 邹菊萍. 我国大学毕业生失业现象原因的探析 [J]. 教育教学论坛, 2014 (41): 3-5.

[145] 邹薇. 中国经济对奥肯定律的偏离与失业问题研究 [J]. 世界经济, 2003 (6).

[146] John Maynard Keynes. The General Theory of Employment, Interest And Money. XiAn: Shanxi People's Publishing House, 2005: 42-56.

[147] Martin Carnoy. The New Information Technology International Diffusion and Its Impact On Employment and Skills, international Journal of Monpower, 1997, 18 (1/2): 119-159.

[148] Toaro, M. P.. A Model of Labor Migration and Urban Unemplovment in Less. Developed Countries. American Economic Review, 1969: 437-456.

第二章

新常态下的经济发展特征及其对就业风险的影响

孔伟艳

内容提要：2012 年以来，我国经济、政治、文化、社会全面进入新常态，经济从高速增长转为中高速增长，从要素驱动、投资驱动转向创新驱动，经济结构优化升级。“中国制造 2025”“一带一路”倡议等为经济增长注入新活力，国内外复杂的经济环境却为经济下行带来较大压力。国内经济形势变化不可避免地影响到就业，使劳动者继续享有就业机会并获得报酬收入的不确定性即就业风险增加。新常态以来，不管是劳动者失业的狭义就业风险，还是就业状态不稳定和就业质量不高的广义就业风险，都不同程度地增加，亟待系统深入研究并提出相关建议。

第一节　新常态下的国内经济发展特征

2012 年，我国结束了高速增长期，进入中高速增长阶段。经济总量、经济动力、经济结构都呈现出与以往不同的特征，并成为影响就业的重要因素。

（一）经济增速放缓，发展质量提高

从收入看，进入新常态以来，我国国内生产总值增长，但增速下降，三大产业和部分行业产值增速下降。如表 2 - 1 所示，2011 ~2015 年，我国国内生产总值从 484123.5 亿元增加到 676708 亿元，但增长率从 9.5% 下降到 6.9%；三大产业产值不断增加，但增长率明显下降，其中第二产业产值增长率下降了 4.6 个百分点；各行业门类产值不断增加，但部分行业门类产值增长率明显下降，其中工业、建筑业、批发和零售业、交通运输、仓储和邮政业、房地产业产值增长率分别从 10.8%、9.8%、12.5%、9.7%、7.4% 下降到 5.9%、6.8%、6.1%、4.6%、3.8%。问题是，工业、建筑业、房地产业过去一直是

我国经济增长的重要引擎，这些旧的支柱行业产值增长速度下降，造成了我国近年来经济增长速度下滑，成为影响我国就业总量的重要因素。

表 2 - 1　　2011 ~ 2015 年我国 GDP 核算数据

项目	绝对额（亿元）					同比增长（%）			
	2011年	2012年	2013年	2014年	2015年	2011年	2012年	2013年	2015年
GDP	484123.5	534123.0	588018.8	636138.7	676708	9.5	7.7	7.7	6.9
第一产业	46153.3	50892.7	55321.7	58336.1	60863	4.2	4.5	3.8	3.9
第二产业	223390.3	240200.4	256810.0	271764.5	274278	10.6	8.2	7.9	6
第三产业	214579.9	243030.0	275887.0	306038.2	341567	9.5	8.0	8.3	8.3
农、林、牧、渔业	47472.9	52358.8	56966.0	60158.0	62911	4.2	4.5	4.0	4
工业	191570.8	204539.5	217263.9	228122.9	228974	10.8	7.9	7.6	5.9
建筑业	32840.0	36804.8	40807.3	44789.6	46456	9.8	9.8	9.7	6.8
批发和零售业	43730.5	49831.0	56284.1	62215.6	66204	12.5	10.3	10.5	6.1
交通运输、仓储和邮政业	21834.1	23754.7	26036.3	28750.0	30364	9.7	6.1	6.6	4.6
住宿和餐饮业	8565.4	9536.9	10228.3	11198.8	12159	5.1	6.5	3.9	6.2
金融业	30678.2	35187.7	41190.5	46572.7	57500	7.7	9.4	10.6	15.9
房地产业	28167.6	31248.3	35987.6	38166.6	41308	7.4	4.7	7.2	3.8
其他服务业	79264.0	90861.2	103254.8	116164.6	130833	9.6	8.0	7.3	9.2

注：（1）绝对额按现价计算，增长速度按不变价计算，2011 ~ 2013 年增长速度根据《中国统计年鉴（2015）》按 2010 年价格相关数据计算，2014 年不变价格数据暂缺，2015 年增长速度来自国家统计局网站发布数据；（2）三次产业分类依据是国家统计局 2012 年制定的《三次产业划分规定》；（3）行业分类采用《国民经济行业分类（GB/T 4754 - 2011）》；（4）本表中国内生产总值总量数据中，有的不等于各产业（行业）之和，是由于数值修约误差所致，未做机械调整。

资料来源：中华人民共和国 2015 年国民经济和社会发展统计公报［OL］. 百度网. 国家统计局. 中国统计年鉴（2015）［M］. 北京：中国统计出版社，2015.

从支出看，进入新常态以来，我国消费、投资、出口三大需求平稳增长，但部分消费和投资需求预期减少。从表 2 - 2 中可以看出，2011 ~ 2014 年，最终消费支出、资本形成总额、货物和服务净出口分别从 241579.1 亿元、227593.1 亿元、11688.5 亿元增加到 329450.8 亿元、293783.1 亿元、17463.0 亿元，最终消费率从 50.2% 增加到 51.4%，资本形成率从 47.3% 减少到 45.9%。消费和投资仍然是经济增长的主要动力，最终消费支出和资本形成总额占支出法国内生产总值的比重高达 95% 以上。当前和今后一段时期，部分消费和投资需求将会减少。

从消费需求看，住房、汽车、移动电话等的消费减少。房地产市场进入调整期，住房的潜在需求者大多持币观望。2015 年，全国商品房销售面积

128495万平方米，同比增长6.5%，增速比1~11月回落0.9个百分点。其中，住宅销售面积增长6.9%，商业营业用房销售面积增长1.9%。全国商品房销售额87281亿元，同比增长14.4%，增速回落1.2个百分点。其中，住宅销售额增长16.6%，商业营业用房销售额下降0.7%。受城市限购影响及市场容量限制，前期增长较快的汽车、移动电话等行业进入了调整期。根据中国汽车工业协会公布的产销数据，2015年全年，我国汽车市场的销量为2459.8万辆，同比增长4.7%，比上年同期减缓2.18个百分点。2015年，全国移动电话普及率上升至95.5部/百人，新增移动电话交换机容量比较狭小。

从投资需求看，银行贷款和利用外资明显下降，政府和企业投资能力同时下降。2015年，固定资产投资到位资金573789亿元，同比增长7.7%。其中，国家预算资金增长15.6%，国内贷款下降5.8%，自筹资金增长9.5%，利用外资下降29.6%。2015年，内资企业投资526883亿元，同比增长10.6%，增速比1~11月回落0.2个百分点；我国港、澳、台商投资11930亿元，总量与上年持平（增速为0），1~11月增长0.6%；外商投资10746亿元，下降2.8%，降幅扩大0.4个百分点。2012~2015年，全国财政收入从11.72万亿元增加到15.22万亿元，但同比增速从12.8%下降到8.4%。其中，山西省和黑龙江省的财政收入增速分别下降9.8%、10.4%。地方政府作为地方投资的重要主体，一方面税收和土地出让金等财政收入减少；另一方面债务负担加重甚至资不抵债，投资能力受限。2016年6月23日，财政部预算司副司长王克冰表示，我国地方政府待确定债务约7万亿元。至2015年底，审计署重点审计的11个省（区、市）本级政府债务余额8202亿元，或有债务余额10970亿元。企业融资瓶颈约束明显，经营困难，预期悲观，投资步伐放慢。部分企业亏损、倒闭、向国外转移，并对其上游企业产生负面连锁反应。部分消费和投资需求减少，既对经济增长造成负面影响，又是影响就业总量的重要因素。

表2-2　　2011~2015年我国支出法国内生产总值　　单位：亿元

年份	支出法国内生产总值	最终消费支出	资本形成总额	货物和服务净出口	最终消费率（消费率）（%）	资本形成率（投资率）（%）
2011	480860.7	241579.1	227593.1	11688.5	50.2	47.3
2012	534744.5	271718.6	248389.9	14636	50.8	46.5
2013	589737.2	301008.4	274176.7	14552.1	51	46.5
2014	640696.9	329450.8	293783.1	17463	51.4	45.9

注：（1）本表按当年价格计算。（2）最终消费率指最终消费支出占支出法国内生产总值的比重；资本形成率指资本形成总额占支出法国内生产总值的比重。

资料来源：中华人民共和国2015年国民经济和社会发展统计公报［OL］．百度网．国家统计局．中国统计年鉴（2015）［M］．北京：中国统计出版社，2015.

（二）传统动能衰减，新动能多元化

我国经济增长在原有动力的基础上，又增添了新动力。一是新型城镇化。新型城镇化是保持经济持续健康发展的强大引擎，是扩大内需的最大潜力，是加快产业结构转型升级的重要抓手。我国处在工业化和城镇化中后期，常住人口城镇化率为53.7%，户籍人口城镇化率只有36%左右，还有较大的发展空间。根据《国家新型城镇化规划（2014~2020年）》，我国要推动1.7亿人农业转移人口稳步实现市民化。在这一过程中，更多的农民通过转移就业提高收入，通过转为市民享受更好的公共服务，能够促进城镇消费群体不断扩大、消费结构不断升级、消费潜力不断释放，也会带来城市基础设施、公共服务设施和住宅建设等巨大投资需求，从而为经济发展提供持续的动力。每1%的农业人口转移到城镇，就能使我国居民消费总额提高0.19~0.24个百分点。农业转移人口市民化，能够在住房、汽车、服务等领域创造出巨大的需求，带动我国制造业和服务业的发展，为经济增长增添新动力。

二是“中国制造2025”。“中国制造2025”顺应“互联网+”的发展趋势，以信息化与工业化深度融合为主线，以智能制造为核心，以科技创新和产业升级为结果，不仅能够以更高的全要素生产率创造出更多品种、更高质量的产品供给，而且能够创造巨大的投资需求和消费需求，成为推动我国经济增长、模式转变和结构优化的新动力。国务院印发《中国制造2025》，部署全面推进实施制造强国战略，从质量效益维度制定了2020年和2025年制造业主要指标。要求制造业质量竞争力指数在2015年83.5的基础上，到2020年达到84.5，到2025年达到85.5；制造业增加值率2020年比2015年提高2个百分点，2025年比2015年提高4个百分点；制造业全员劳动生产率增速在2015~2020年达到年均7.5左右，2021~2025年达到年均6.5左右。这些目标的达成，必将大幅度提高我国制造业的产品质量、数量和生产效率，进而大幅度增加我国国内生产总值。

三是“一带一路”倡议。“一带一路”倡议的推进实施，“丝绸之路经济带”和“21世纪海上丝绸之路”的发展，能够从各个方面明显拉动我国经济增长。经济方面，可以通过基础设施的互联互通与部分产业的国际转移，带动相关国家的经济增长与社会发展，更重要的是，带动我国更多的企业“走出去”寻找新的发展出路。金融改革方面，横空出世的亚洲基础设施投资银行（以下简称亚投行）正在动摇美国主导的陈旧的国际金融体系，同时为人民币国际化的发展创造出更大的舞台，能够为我国经济增长带来更多的有利条件。“一带一路”倡议是习近平同志亲自推动的，地方政府已经意识到其发展的重

要意义，争先恐后地上项目，对接“一带一路”倡议，希望把当地打造成为其发展中的重要节点，可能会重新点燃地方政府被压抑已久的投资冲动。从“一带一路”倡议推进情况看，亚投行有20多个国家同意成为初创国，新西兰等发达国家也陆续同意，400亿美元丝路基金已经建立；国内31个省（区、市）在其地方政府工作报告中提出参与“一带一路”倡议建设，纷纷寻求定位，形了成国内、国际积极参与推动“一带一路”倡议建设的良好局面。“一带一路”倡议经济区开放后，承包工程项目突破3000个。2015年，我国企业共对“一带一路”倡议相关的49个国家进行了直接投资，投资额同比增长18.2%。2015年，我国承接“一带一路”倡议相关国家服务外包合同金额178.3亿美元，执行金额121.5亿美元，同比分别增长42.6%和23.45%。“一带一路”倡议的推进，能够大幅度地推动基础设施投资，进而在水泥、钢铁、电解铝领域创造出巨大的市场需求，基础设施的改善还会促进企业贸易投资，为金融合作带来机遇，同时促进旅游消费，有望每年带来3~5个百分点的外贸增长。据估算，这个区域出口增长对我国全部出口增长的贡献率达到25%，即使按照以往10年的平均增长速度计算，受该地区市场需求拉动，我国对外出口可能净增1000亿美元以上，随着贡献率的提升，带来的实际增量还会扩大。新型城镇化、“中国制造2025”和“一带一路”倡议，既是经济增长的重要动力，又是降低就业风险的有利因素。三大战略带来的经济增长，能够带来更多的就业机会，进而降低就业风险。

同时，还有一些经济增长动力，尚未通过改革充分释放出来。一是国有企业。目前，不少国有企业尚未建立健全现代企业制度，管理层的积极性调动不起来，企业决策缺乏市场导向，生产效率不高，社会责任沉重。有的企业不仅要保证员工本人的岗位，还要负责员工子女的就业，甚至被当地政府将提供就业岗位作为农户拆迁的前置条件。有的企业自办学校、医院、养老院，产生了大量运营成本。如果能够通过改革解决上述问题，就能释放出相当一批国有企业的活力。

二是农村。在当前的农村集体产权制度与农村土地制度下，农民加快农村土地流转的积极性和安全感不高，导致农业生产难以实现规模化、机械化，不利于农业生产力提高和产值增加，不利于农业经济增长和农民收入提高，进而不利于通过扩大消费拉动经济增长。当前户籍制度改革缓慢，导致农业转移人口市民化缓慢，不利于通过市民化促进农民增收和消费升级，进而不利于工业经济增长。当前农村金融体制改革推进较慢，扩大农业投资与促进农民工返乡创业都缺少资金来源，从这个角度看也不利于经济增长。

三是地方政府。经济新常态以前，地方政府投资是我国经济增长的重要引擎。经济新常态以后，经济增速放缓导致地方税源减少，营改增导致地方税种减少，房地产市场低迷导致地方土地出让金减少，三者导致地方财政缺口增大，债务负担加重，投资乏力。与此同时，中央政府和地方政府间事权和支出责任不匹配的矛盾相对突出。2014 年，地方财政收入占全国财政收入的 54.1%，财政支出却占到了全国的 85.1%。如果能够加快改革目前的财税体制，就能通过增加地方财政收入，释放出大量的地方政府投资。国企改革、农村改革和财税体制改革能否深化并取得成功，既是这部分经济增长动力能否释放的决定因素，又是就业风险能否降低的重要影响因素。

（三）产业结构调整，新兴产业崛起

进入经济新常态以来，我国经济结构逐步优化，支柱产业发生变化。过去作为我国支柱产业的采矿业、制造业不断压缩和升级，房地产业不断去库存。过去对经济增长贡献率较高的行业（见图 2－1）所占比重和增长率都在降低。

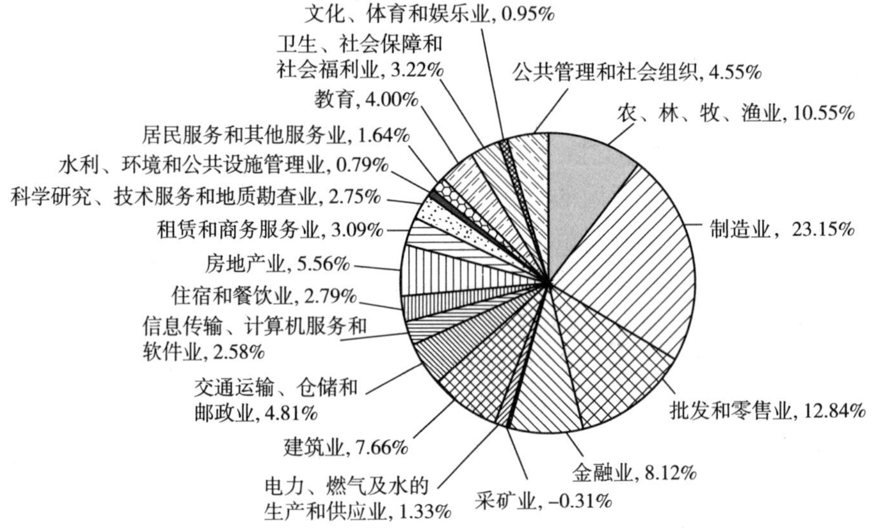

图 2－1　2012 年我国各行业增加值对总增加值增长的贡献率

资料来源：国家统计局人口和就业统计司．中国人口和就业统计年鉴（2012～2014 年）［M］．北京：中国统计出版社，2012～2014.

从采矿业看，2015 年投资与利润“双下降”。2015 年，采矿业投资 12971 亿元，下降 8.8%。其中，民间固定资产投资 5288 亿元，下降 12.3%，降幅比 1～8 月份扩大 2.8 个百分点；实现利润总额 2604.2 亿元，同比下降 58.2%。“一煤独大”的山西省，压缩了大量煤炭产能，同时用先进产能置换落后产能。

从制造业看，规模位居全球第一，但总体上大而不强。2015 年，制造业投资 180365 亿元，增长 8.1%。其中，民间固定资产投资 114921 亿元，增长 9.4%，增速回落 0.5 个百分点。钢铁行业、纺织服装行业加快压缩和淘汰落后产能，高端制造业竞争加剧。2015 年，我国钢铁消费与产量双双进入峰值弧顶区并呈下降态势，钢铁主业从微利经营进入整体亏损。钢铁产能过剩严重，产能利用率持续下降，目前已降至 70% 左右，远低于合理水平。纺织服装行业整体处于低位运行，部分行业存在产能结构性过剩，设备利用率低，产品库存高，资金周转困难。全球制造业市场竞争加剧，轨道交通装备、工业机器人、高端医疗器械和药品、高端船舶和海洋工程装备、新能源（电动）汽车、现代农业机械六大高端制造业，成为强国必争之地。

从房地产业看，由于前期房地产产能严重过剩，现在主要是去库存，房地产投资和建设连续回落，很难再作为支柱性产业。2015 年，房屋新开工面积 154454 万平方米，同比下降 14.0%，其中住宅新开工面积下降 14.6%。2015 年，房地产开发企业土地购置面积 22811 万平方米，同比下降 31.7%。

服务业、现代制造业和战略性新兴产业有望成为新的支柱产业，但尚未发展壮大。

从服务业看，经济新常态以来，我国经济由工业主导向服务业主导加快转型，服务业成为经济稳定增长一个非常重要的支撑。2011～2014 年，第一产业、第二产业、第三产业产值占国内生产总值的比重分别从 9.53%、46.14%、44.32% 变化为 8.99%、40.53%、50.47%。自 2012 年起，第三产业产值占国内生产总值的比重超过第二产业，并逐年上升，直至 2015 年占据国内生产总值的半壁江山。服务业能够最大限度地吸纳就业人群，但具有较大市场潜力的消费服务业等尚未发展壮大。

从现代制造业看，飞机、高铁装备制造、现代船舶制造、核电装备制造和特高压输变电装备制造都具有较大的市场潜力与生产能力。至 2015 年末，我国高速铁路营业里程将达 1.8 万公里，以高速铁路为骨架，包括区际快速铁路、城际铁路及既有线提速线路等构成的快速铁路网基本建成，总规模达 4 万公里以上，基本覆盖 50 万人口以上城市。中国高铁在不断自我完善的同时开始走出国门、冲向世界：参与俄罗斯首条高铁的建设与投资；今后 3～5 年内，将在德国铁路的机车及零部件采购领域占有重要地位；赢得印度尼西亚雅加达至万隆（雅万）高速铁路项目，实现高铁全产业链出口。中国核电成绩非凡，今后较长一段时间内仍将保持在建和投运的高峰。海外出口前景广阔，华龙一号核电站落户阿根廷，参与法国电力公司在英国欣克利角兴建英国首座核电站的项目。

从战略性新兴产业看，新能源、新材料、生命生物工程、新一代信息技术、节能环保产业、新能源汽车、广义机器人、高端装备制造也具有巨大的需求，但尚未发展壮大。受国家发展和改革委员会产业协调司委托，中国汽车技术研究中心编制的《新能源汽车产业发展分析和提示》报告显示，我国新能源汽车产业保持快速发展态势，但是低水平重复建设和盲目发展问题比较突出，其中产业散、乱问题需引起重视。受到充电桩数量和分布制约，新能源汽车推广遇阻。2014 年 11 月 21 日中国工业和信息化部称，按照新能源汽车推广应用城市（群）申报计划，2013 ~2015 年在 39 个推广应用城市（群）将累计推广新能源汽车 33.6 万辆，而 2013 年 1 月至 2014 年 9 月底，累计推广新能源汽车仅 3.86 万辆。从服务机器人产业来看，该产业目前在我国尚未形成规模，既缺乏大型支柱企业，也没有形成有影响力的品牌，仅占全球服务机器人市场的 4.5%。

同服务业相比，现代制造业与战略性新兴产业对劳动力数量的要求较低，对劳动力素质的要求较高，是就业总量与就业结构的重要影响因素。

第二节　经济结构转型对就业风险的影响

在经济下行的情况下，我国就业形势比较稳定。但受国内经济形势复杂多变影响，就业总体环境约束趋紧，未来就业形势趋向严峻，部分行业就业风险较大。

（一）经济增速下降带来的整体性风险

理论上讲，经济增速下降会减少就业岗位，导致失业率上升。根据奥肯定律，GDP 增长率与失业率之间存在稳定的正相关关系。但从有关数据看，当前经济下行并未导致就业形势不稳定。2015 年，我国经济增长率虽然下降，但全年城镇新增就业仍有 1312 万人。国际上一般将调查失业率 7% 作为失业预警红线，而 2015 年 9 月我国调查失业率为 5.2%，尚未达到失业预警红线，处于相对安全区间。

之所以出现以上情况，一是由于创业带动就业的效应持续释放。党中央、国务院积极推进的“大众创业，万众创新”战略，部分冲抵了经济增速放缓带来的失业。创业意味着成立新的市场主体，包括个体工商户和企业，同时能够带来更多的就业。创新是经济增长的动力，能够通过推动经济增长而促进就业。国家统计局开展的劳动力调查数据显示，2015 年 5 月，创业人员占全部就业人员的比重比 1 月上升了 0.12 个百分点。而且，创业成立的企业多是小微企业，小微企业带动的就业比大企业小，但中小企业、小微企业带动的就业总量远远高于大型企业对就业总量的贡献，因为它为数众多。平均下来，一个小微企业能带动 3 ~5 个人就业，一般的在 3 人以上，多一点 5 人、十几人的也有，平均下来也就是 5 人左右。其实小微企业大部分也就是几十个人。

二是由于隐性失业掩盖了失业率的增长。有些地区没有出现大规模显性失业，但是出现了人浮于事、冗员严重的隐性失业。在隐性失业状态下，劳动者在其工作岗位上要么待岗，要么无充足的工作可做，名义上就业了，实际上却处于一种失业或半失业状态。按照此论来分析，目前在我国，隐性失业人口分为城镇职工、农村剩余劳动力和大学毕业生三类。就城镇职工而言，主要是源于一些国有企业人事体制僵化、人事管理松散，本来只需要较少劳动力就可以完成的工作却安排了许多人去做，从而牺牲了效率，成为隐性失业人口。在课题组调查的辽宁省沈阳市和山西省晋城市，有的国有企业出于社会责任没有裁员，但采取了轮休、降薪等做法。农村剩余劳动力则指的是没有充分发挥劳动力价值，边际效用为零的那部分劳动力。随着我国农村地区生产资料现代化和城市化的加快，农村劳动力市场渐渐富余，大量的剩余劳动力需要向城镇第二产业、第三产业转移，在城镇吸收不了的情况下，他们滞留在农村与城市之间，又因为受到户籍制度的影响，形成隐性失业人口。近年来，农民外出务工人员的数量激增、耕地面积锐减和城乡收入差距逐渐加大等诸多问题不断显现，让我们看到，农村隐性失业在我国原有的计划经济体制下以及建立市场经济体制的过程中均大量存在，农民面临的就业压力和失业风险与日俱增，很多没有工作的农民实际上成为隐性失业人口。而高等院校毕业生的就业问题，则是当前中国较为突出的问题。近年来，我国的高校毕业生人数大幅增加。据有关统计结果表明，大学生年均就业率高达 90% 以上，但是仍有相当数量的大学生表示“就业难”。毕业生隐性失业者的存在是毕业生普遍感觉就业难的重要原因之一。据调查，应届毕业生毕业一年内的隐性失业率接近一成。毕业生的隐性失业可以从两个方面分析：一方面，随着我国经济的发展，院校专业结构畸形现象越来越严重，导致大量人才资源的浪费和短缺；另一方面，隐性失业人口的产生来源于毕业生对工作的不认可。有调查表明，毕业生隐性失业者当中只有少数人在继续找工作，多数人则处于隐性失业状态。他们在等待满意的工作机会或者继续上学的机会。这部分毕业生多数还是依赖于家庭的经济支持，准备各种考试或者各类辅导课程。如果有好的就业或者学习机会，他们立刻就会去工作或学习（于建嵘，2016）。

三是由于统计和技术上的原因，就业指标往往滞后于经济指标，失业率上升的效应有可能在经济增速下降一段时间之后才显现出来。

同时应该看到，我国某些企业出现了减员失业现象。人力资源和社会保障部监测结果显示，2015 年 1 ~ 9 月，我国 3.3 万家企业减员同比增加 1.7 个百分点。但因企业经营不善所造成的经济性裁员占比很小，仅占岗位流失总人数的 2.6%。由于国内劳动力成本提高，一些外资企业和部分内资企业迁往东南亚等劳动力成本较低的国家，造成数百万工人失业。未来，我国经济下行压力仍然较大，尽管企业每年还有增员及新增就业岗位，但新增就业岗位将继续减少，考虑到劳动力市场变化滞后于经济增长的变化，而且具有一定的隐蔽性，未来就业风险依然较大。

（二）体制改革滞后导致的结构性失业

在当前经济形势下，国有企业改革、农村改革、财税体制改革等相对滞后，对就业造成很大的影响。

国有企业改革滞后对就业的影响。由于国企改革滞后，“国退民进”的红利消失，国企效率低下。从人员上看，国有企业缺乏真正善于开拓市场、精心计算成本、讲究效益的企业家，一些国有企业的技术人才向乡镇、“三资”、民营企业流动，原有的技术人才年龄老化，研发经费不足，工资待遇较低，一些技术人才不能在国有企业中为企业产品科技含量提高和更新换代发挥他们应有的作用，进一步影响了国有企业的效率，进而弱化了他们对就业风险的稳定作用。从定位上看，国有企业并非真正的经营性组织，常常需要扮演非经营性组织角色。党政社团各个部门都要求企业设立委办处科室，再小的企业也要设专管人员，实际上将企业办成了一级党政社团的基层组织，是一级政府，而不是市场经济中的企业。企业要花费很多人力、财力、精力去应付开会、检查、评奖以及各种政治和社会活动。有的企业没有现代企业应当有的市场营销、广告策划、技术开发、售后服务等部门。

在国企效率低下、亏损严重的情况下，部分区域、部分行业的国有企业员工下岗分流，然而，大部分企业不敢减员自救，造成劳动力浪费，流动性差，就业质量低下。例如，辽宁省国有企业普遍待产停薪。某铸造厂技术工人，几年前月收入 6000 ~ 7000 元，现在月收入 2000 ~ 3000 元，还是几月发一次。从员工个人看，他们大多不愿意主动辞职，离开相对轻松和安逸的国企，去市场打拼。从国有企业看，他们不会大规模辞退员工，一是由于国有企业减员增效的动力不足。国有企业可以获得政府和银行的帮助，没有倒闭之忧，减员增效的动力不足。二是由于国有企业要分担就业任务。国有企业比民营企业、外资企业承担着更多的社会责任，其中就包括维持乃至促进就业。三是由于国有企业裁员在法律上有障碍。现在如果再采取 20 世纪 90 年代那样买断工龄、一次性安置补偿的国企改制机制，不仅法律上有障碍，舆论上也有阻力，甚至可能引发群体性事件。利益僵持的代价是改革受阻，经济停滞不前，很多人混吃等死。

农村产权改革滞后对就业的影响。农村主要依靠农业提供就业机会，有的富裕农村还通过发展农产品加工业、农业服务业等多种产业提供就业机会。在现有耕地面积和农业生产率不变的情况下，农业能够吸纳的劳动力就非常有限，实际上投入在农业尤其是粮食作物种植业上的劳动时间，只有夏收和秋收总共一个月左右。况且，每年还有大量农民被征用土地成为失地农民，被迫从事非农产业。随着土地流转速度加快和土地机械化、规模化经营发展，农业生产率不断提高，使更多的农业劳动力被解放出来，继续从事农业的劳动力也不过是处于“ 年仅有 月忙”的隐性失业状态。2012 - 2014 年，城镇失业人口中，失业前从事农、林、牧、渔业的分别占 8.2%、7.6%、6.8%（见图 2 -2）。而现有的农村土地产权和集体土地产权改革滞后，既不能保障农民通过土地流转或征用获得较高收益，也不能保障创业者通过抵押土地获得银行贷款作为创业资金，从而不利于在农村发展第二产业、第三产业，不利于兼业农民在这些产业就近就业。一旦国家政策发生变化，或者发生严重自然灾害，农民或者兼业农民势必面临巨大的就业风险。

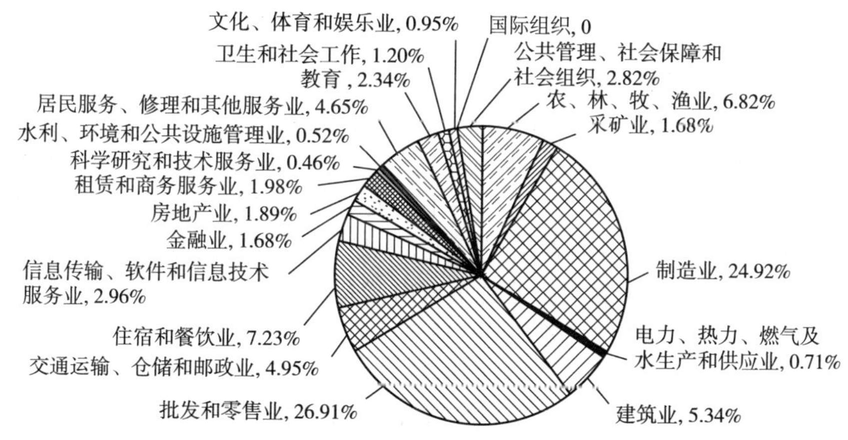

图 2 -2　我国城镇失业人员失业前的行业构成（2014 年）

资料来源：国家统计局人口和就业统计司．中国人口和就业统计年鉴（2015 年）[M]．北京：中国统计出版社，2015.

财税体制改革滞后对就业的影响。如前所述，经济增长与失业率之间存在反比关系。财税体制改革滞后，导致经济欠发达地区地方政府缺少了与中央配套的资金，地方政府投资经济增长的动力不足、能力不够，进而难以创造出较多的就业岗位，这对于在岗职工和下岗职工，都会积累较大的就业风险。以“营改增”为例，就有增大就业风险与减轻就业风险两种效应。一方面，如果今后几年不能出台一些增进地方财政收入的税收体制改革举措，地方财政收入或将因“营改增”而减少，在目前经济增长主要依靠投资尤其是地方政府投资的情况下，地方政府投资受财政收入减少的影响而减少，不利于地方经济增长，进而不利于就业岗位的增加乃至保持，从而带来一系列就业风险；另一方面，“营改增”有利于通过减轻企业税负而促进经济增长，减少就业风险。据测算，“营改增”全面推开后，将带动 GDP 增长 0.5% 左右，第三产业和生产性服务业增加值占比将分别提高 0.3% 和 0.2%，高能耗行业增加值占比降低 0.4%。

（三）产业结构调整引发的局部性风险

经济新常态以来的产业结构调整和转型升级给我国就业带来了较大的影响，导致采矿业、制造业、建筑业、房地产业、批发和零售业中部分行业就业减少（如表 2－1 所示），其中对国有单位、城镇集体单位就业的影响尤为明显。

采矿业中部分行业就业减少。就采矿业总体而言，就业人数不断增加，主要是煤炭开采和洗选业、黑色金属矿采选业、开采辅助活动及其他采矿业带动的，尤其是除国有单位、城镇集体单位之外的其他单位就业带动的。2012～2014 年，采矿业中国有单位、城镇集体单位就业人员数分别从 256.2 万人、20.6 万人减少到 71.6 万人、13.3 万人。其中，煤炭开采和洗选业、黑色金属矿采选业、有色金属矿采选业、非金属矿采选业中国有单位、城镇集体单位就业人员数大幅减少。2012～2014 年，在国有企业垄断的石油和天然气开采业，就业人员数从 53.7 万人先后减少到 9.1 万人、8.2 万人。化解能源和原材料等行业过剩产能，为这些行业工人带来了较大的就业风险。例如，2015 年山西省等地的煤炭、钢铁行业普遍出现了开工不足问题，停产、轮休、降薪成为他们应付危机的手段。某煤炭企业甚至喊出“每人两千元，一起渡难关”的口号。今后，我国继续化解能源和原材料等行业过剩产能，还将为这些行业的工人带来较大的就业风险。

制造业中部分行业就业减少。就制造业总体而言，就业人员数不断增加，但单位结构发生变化。2012～2014 年，我国制造业就业人员数量从 4262.2 万人增加到 5243.1 万人，其中国有单位和城镇集体单位就业人员数分别从 369.5 万人、207.8 万人减少到 113.7 万人、87.9 万人，其他单位就业人员数从 3779.0 万人增加到 4947.4 万人。2012～2014 年，纺织业就业人员数从 202.6 万人增加到 213.9 万人，但是其中的国有单位、城镇集体单位就业人员数分别从 8.25 万人、4.49 万人减少到 2.37 万人、2.41 万人。2012～2014 年，铁路、船舶、航空航天和其他制造业就业人员数从 127.30 万人减少到 120.69 万人，其中，国有单位、城镇集体单位就业人员数分别从 34.96 万人、4.07 万人减少到 22.23 万人、3.40 万人，其他单位就业人员数从 88.27 万人增加到 95.06 万人。从城镇失业人员失业前的行业构成看，2014 年制造业失业人员占到了城镇失业人员的 24.9%。2015 年上半年，经济结构单一、偏重装备制造业的地区失业率相对较高。如东北地区的省会城市平均失业率在 7% 左右，比全国平均水平高 2 个百分点左右。今后，我国继续压缩和淘汰制造业过剩产能，还将为这些行业的工人带来就业风险。

建筑业中部分行业就业减少。2012 ~ 2014 年，建筑业中国有单位、城镇集体单位就业人员数分别从 345.82 万人、184.98 万人减少到 237.12 万人、173.71 万人。其中，房屋建筑业中国有单位、城镇集体单位就业人员数分别从 174.07 万人、152.99 万人减少到 126.47 万人、147.18 万人，土木工程建筑业中国有单位、城镇集体单位就业人员数分别从 136.13 万人、16.86 万人减少到 89.52 万人、14.21 万人。以上只是正规就业人口，而据国家统计局发布的《2014 年全国农民工监测调查报告》显示，我国建筑业（包括上下游产业）吸纳了 22.3% 的农民工（超过 6100 万人）就业，这些都是按日结算工资的非正规就业人口。2015 年以来，这部分就业人口的工作日数明显减少。江西南昌市一位从事建筑业的农民工说，他在 2014 年全年工作 260 多天，2015 年上半年仅工作十几天。今后，我国房地产继续去库存，减少新开工项目，还将给建筑业及其上下游的钢铁、建材、家电、装饰材料等多个行业带来就业风险。

房地产业中部分行业就业减少。2012 ~ 2014 年，房地产业中国有单位就业人员数分别从 46.70 万人减少到 36.51 万人。2013 ~ 2014 年，房地产开发经营业中城镇集体单位就业人员数从 2.96 万人减少到 1.83 万人，物业管理、房地产中介服务业中城镇集体单位就业人员数分别从 3.55 万人、0.15 万人增加到 4.55 万人、0.29 万人。今后，房地产业行业尤其是房地产开发经营业调整将给国有单位、城镇集体单位就业人员带来更多就业风险。

批发和零售业中部分单位就业人员数减少。2012 ~ 2014 年，批发和零售业就业人员数增加，但国有单位、城镇集体单位就业人员数分别从 148.51 万人、40.93 万人减少到 99.90 万人、35.05 万人，其他单位就业人员数从 522.41 万人增加到 753.62 万人。其中，批发业国有单位、城镇集体单位就业人员数分别从 100.62 万人、18.04 万人减少到 72.96 万人、13.97 万人，零售业国有单位、城镇集体单位就业人员数分别从 47.89 万人、22.89 万人减少到 26.95 万人、21.08 万人。从城镇失业人员失业前的行业构成看，批发和零售业失业人员最多，占到了城镇失业人员的 26.9%（见图 2 - 2）。今后，电子商务的发展还将继续挤出一部分实体批发零售业，主要挤出国有单位、城镇集体单位就业，部分失业人员将到其他单位的实体或网上批发零售商店就业或创业。

表 2-3　　2012~2014 年我国分行业就业人员数的变化　　单位：人

行业	2012 年	2013 年	2014 年
一、制造业	42621887	52579395	52431393
纺织业	2025999	2234166	4260165
纺织服装、鞋、帽制造业	2319243	2649386	4968629
皮革、毛皮、羽毛（绒）及其制品业	1292968	1842263	3135231
黑色金属冶炼及压延加工业	2392923	2695932	5088855
有色金属冶炼及压延加工业	1178534	1301536	2480070
金属制品业	1490852	1867100	3357952
通用设备制造业	2275721	2843135	5118856
专用设备制造业	1790765	2181148	3971913
汽车制造业	2702011	3207664	5909675
铁路、船舶、航空航天和其他	1273028	1246905	2519933
电气机械及器材制造业	2733942	4008243	6742185
二、采矿业	6310219	6364500	5964913
煤炭开采和洗选业	4399311	4514337	8913648
石油和天然气开采业	762873	760744	1523617
黑色金属矿采选业	280324	301479	581803
有色金属矿采选业	332430	312568	644998
非金属矿采选业	235439	233985	469424
开采辅助活动	298147	314873	613020
其他采矿业	1695	2141	3836
三、建筑业	20102586	29218986	29211787
房屋和土木工程建筑业	13926696	20363350	34290046
建筑安装业	3864937	5520980	9385917
建筑装饰业	1262645	1728921	2991566
其他建筑业	1048308	1673007	2721315
四、房地产业	2737129	3737341	4022447
房地产开发经营	1209296	1750270	2959566

续表

行业	2012 年	2013 年	2014 年
物业管理	856946	1606942	2463888
房地产中介服务	95977	198671	294648
五、批发和零售业	7118450	8908129	8885690
批发业	3369191	4026769	7395960
零售业	3749259	4907434	8656693

注：（1）2012 年分别为“纺织服装、鞋、帽制造业”和“皮革、毛皮、羽毛（绒）及其制品业”数据；2013 年开始，两类数据调整为“纺织服装、服饰业”和“皮革、毛皮、羽毛及其制品和制鞋业”；（2）2012 年为“交通运输设备制造业”数据；2013 年开始，“交通运输设备制造业”细分为“汽车制造业”和“铁路、船舶、航空航天和其他”行业；（3）2012 年仅有其他采矿业，2013 年开始，其他采矿业分为“开采辅助活动”和“其他采矿业”两个行业。

资料来源：国家统计局人口和就业统计司．中国人口和就业统计年鉴（2013～2015 年）[M]．北京：中国统计出版社，2013～2015.

从 2015 年减员情况看，主要集中在化解过剩产能和治理环境任务较重的行业，如煤炭、化工、钢铁、纺织、服装、零售等行业。其中，采矿和设备制造业减员量较大，占减员总数的 51.5%，但减员 100 人以上的企业仅占 5.5%，减员 1000 人以上的企业仅占 0.3%。再者，工人被原企业减员并不意味着失业，因为只有被减员后找不到新工作才能称为失业，到同行业其他企业或其他行业就业都不能称为失业。2015 年新型产业发展较快，就业形势较好，电子商务、金融、计算机行业用人大幅度增加，成为传统产业部分被减员人口的就业去向。

第三节　新常态下应对就业风险的政策建议

面对国内经济形势的新变化，应对就业风险需要综合运用促进就业创业的经济社会政策，同时并用需求侧管理与供给侧管理政策，着力稳增长、促改革、调结构，形成合力并保持政策的稳定性和连续性。

（一）提高经济增长质量

保证就业总量要求保证一定的经济增长率。为此要围绕以“大众创业、万众创新”打造新引擎，以扩大公共产品和服务供给改造传统引擎，加强定向调控，加大财税政策支持力度，用减税降费鼓励创业创新，带动社会就业。

升级消费结构与加快投资转型相结合。由于消费已经成为拉动我国经济增长的第一引擎，首先要抓住消费结构升级机遇，着力扩大消费需求。创新消费供给，重点推进信息消费、绿色消费、住房消费、旅游休闲消费、教育文体消费、养老健康家政消费 6 大领域消费。其次要加快投资转型，扩大投资需求。针对财政普遍困难的情况，在基础设施领域推出一批鼓励政府与社会资本合作的项目（PPP），带动经济增长。

积极的财政政策与稳健的货币政策相结合。面对经济下行压力，一是继续实行结构性减税和普遍性降费。虽然我国长期致力于结构性减税工作，但从目前企业和个人的状况看，减税空间还很充足。按宏观税负宽口径（政府收入占国内生产总值的比重）计算，2014 年我国的宏观税负大约为 37%，已经进入一个高税负国家阶段。从税负结构来看，由于中国的流转税占比大，个人和家庭税负更重。在经济下行的背景下，中小企业特别是小微企业盈利日益艰难，利润越来越薄，税费负担愈显沉重，生存压力不断增加。因此，要为中小企业减税，直接大幅降低企业所得税，全面推行增值税。在激励企业自主创新与技术进步方面，建议降低企业所得边际税率；在引领产业升级、转变经济发展方式方面，重点依托“营改增”，对税负较重的金融业适当降低增值税率，对抵扣项较少的旅游业采用较低的征收率。在增加劳动力要素供给方面，建议降低个人所得税边际税率；在增加居民部门消费方面，建议对增值税与个人所得税这两个税种实施减税政策。同时，实现全面“降费提速”，减免涉及小微企业、养老、医疗和高校毕业生就业等的收费和基金。规范地方政府债务管理工作，从鼓励将地方债作为抵（质）押品、扩大投资人范围和新增在自贸区试点发行地方债等多方面增强二级市场流动性，置换债券偿还范围扩大截至 2015 年底清理甄别的地方政府债务本金，并将符合条件的或有债务纳入置换范围。二是继续降低金融领域准入门槛，坚持全面降息、定向降准、调整存贷比口径等政策，推进资本市场改革，规范发展互联网金融，解决“融资难、融资贵”问题，保证创业创新的资金需求。

（二）深化体制机制改革

加快国企改革，激发企业活力。一是深化国有企业产权改革。为了提高管理者和劳动者的生产经营积极性，建议推行国有企业员工股份合作制。员工在获得工资的同时，还能获得企业效益提高带来的股份收入，才能安下心来、下大力气为企业工作，优秀的管理人才和技术人员不流失，普通的企业员工不怠工。企业生产效率高了，效益好了，才能保证就业水平不降低，员工收入不降低。二是深化国有企业用人机制改革。为了避免国有企业效率低下与养人负担沉重之间形成恶性循环，建议由政府、企业、个人、社会共同承担国企改革成本，允许国有企业根据自身实际减员或破产，并提供灵活机制。对不愿意熬工龄的员工，给予一次性安置补偿费。对经营无力的国有企业，允许公开“甩包袱”筹码。同时，通过完善社保制度等措施，降低体制间流通门槛，促进人力资源跨体制流动。

深化农村改革，鼓励农民创业。一是加快培育家庭农场、专业大户、农民合作社、农业产业化龙头企业等新型农业经营主体，加快培养职业农民队伍，促进农民在农业就业。考虑到农村的现状，职业农民培养不能只盯着文化程度较高的大中专毕业生，而应把目光更多放在那些愿意在家务农的普通农民身上，毕竟他们才是农民的主体。无论是培训还是送技术、良种下乡，都应从普通农户的角度考虑问题，让农业新技术、新品种惠及更多普通农户，而不能只照顾文化程度较高者。二是联动发展第一产业、第二产业、第三产业，大力发展农村电子商务，促进农民在非农产业就业、创业。探索互联网 + 现代农业的业态形式，推动互联网、物联网、云计算、大数据与现代农业结合，构建依托互联网的新型农业生产经营体系，促进智能化农业、精准农业发展；引入历史、文化、民族以及现代元素，对传统农业种养殖方式、村庄生活设施面貌等进行特色化的改造，鼓励发展多种形式的创意农业、景观农业、休闲农业、农业文化主题公园、农家乐、特色旅游村镇；利用生物技术、农业设施装备技术与信息技术相融合的特点，发展现代生物农业、设施农业、工厂化农业；支持发展农村电子商务，鼓励新型经营主体利用互联网、物联网技术，在农产品、生产生活资料以及工业品下乡等产购销活动中，开展 O2O、APP 等（马晓河，2016）。三是通过提供一次性创业补贴、创业岗位补贴等举措，大力扶持有技能和经营能力的农民工返乡创业，创立农产品加工、营销企业和农业社会化服务组织。四是继续深化信贷制度改革与农村集体土地改革，切实解决创业面临的贷款难、抵押难、流转难等问题。积极推广股份制和股份合作制，鼓励有条件地区开展土地和集体资产股份制改革，将农村集体建设用地、承包地和集体资产确权分股到户，支持农户与新型经营主体开展股份制或股份合作制。

推进财税改革，增加地方动力。一是进一步理顺中央和地方收入划分，合理划分政府间事权和支出责任。在理顺央地税收收入方面，应该遵循公平、便利、效率等原则，考虑税种属性和功能，将收入波动较大、具有较强再分配作用、税基分布不均衡、税基流动性较大的税种划为中央税，或中央分成比例多一些；将地方掌握信息比较充分、对本地资源配置影响较大、税基相对稳定的税种，划为地方税，或地方分成比例多一些。收入划分调整后，地方形成的财力缺口由中央财政通过税收返还方式解决。适度加强中央事权和直接支出比重，将国防、外交、国家安全、关系全国统一市场规则和管理的事项集中到中央，减少委托事务，提高全国公共服务水平和效率；将区域性公共服务明确为地方事权；明确中央与地方共同事权。明确中央、省级政府和市县政府的事权划分，在明晰各级政府事权着力点上，要强化中央政府宏观管理、制度设定职责和必要的执法权；强化省级政府统筹推进区域内基本公共服务均等化职责；强化市县政府执行职责。只有在明晰事权的基础上，才能进一步明确中央和地方的支出责任，中央可运用转移支付机制将部分事权的支出责任委托地方承担。二是改革配套资金政策，减轻欠发达地区资金配套负担。建议中央政府给予贫困地区基础设施建设项目地方资金配套优惠，降低贫困地区（特别是国家贫困县区）地方财政配套资金比例，对于一些基础性、公益性项目实行财政零配套，以确保基础性、公益性项目能够在贫困县区顺利实施，让改革开放的成果惠及广大贫困地区人民。

（三）优化调整产业结构

在确保稳增长的同时，调整和优化产业结构，淘汰落后产能和过剩产能，加快战略性新兴产业发展，推进能源革命，推动产业转型升级。

压缩采矿业过剩产能。目前，我国采矿业产能严重过剩，为此要加快矿业经济结构调整，实施产业优化重组，从供给侧管理出发，治理与淘汰产能过剩。一是继续压缩煤炭、石油、钢铁等行业过剩产能，为今后储备战略性能源。在这个过程中，应当谨防“一刀切”砍掉所有产能，应当淘汰落后产能，保留先进产能。二是对现有的矿山企业进行大胆改革，通过优势企业发挥主导作用，用市场化的兼并重组等办法对生产力进行重新整合，提高行业集中度，进而提升整个产业的生产效率。三是扩大出口，输出产能，开辟新的市场，从需求端加快去产能，在供给端消化产能（赵腊平，2016）。通过需求端与供给端的同时管理，对内与对外的同时发展，促进采矿业产能优化利用。

促进制造业转型升级。在装备制造业中，坚持以质取胜和品牌战略，淘汰低端装备制造业，鼓励高端装备制造业。制定系统的装备制造业发展战略规划，并科学、有序地推动规划实施；加强产业调整，激发企业活力，增强国际竞争力；加强调控引导，实现资源集聚，打造产业集群；坚持技术开发与引进并举，推动装备制造业转型升级。纺织服装业要从过去注重成品生产向注重品牌运作与服装设计转变，扭转在全球价值链分工中处于低端的尴尬局面。加快建筑业结构调整。一是对存量房地产消化与修缮并重。在现有房地产去库存阶段，原则上要减少新建房地产项目。同时，对现有房地产开展全国大检测，年久失修的，该新建新建，该修缮修缮。二是对增量房地产填平补齐与从严控制并重。适应农业与电子商务发展需要，加快物流基础设施建设。针对一些地方政府大楼已经成为危房的问题，允许破损程度较重的地方政府大楼按程序新建，防止“一刀切”大干快上或者禁止楼堂馆所。这样，建筑业增长能够带动钢铁、建材、家电、装饰材料等多个行业的增长，促进农民工等特定群体就业。

推动服务业结构升级。服务业是我国经济增长的新引擎，转型升级的“突破口”，新增就业的“蓄水池”。据测算，过去我国 GDP 每增长 1 个百分点，大约拉动100 万人就业；目前 GDP 增长 1 个百分点，大约可以拉动 170 万人就业。这当中，服务业吸纳就业的能力明显高于制造业。建议加快发展生产性服务业，重点发展研发设计、第三方物流、融资租赁、信息技术服务、节能环保服务、检验检测认证、电子商务、商务咨询、服务外包、售后服务、人力资源服务和品牌建设。稳步发展家庭、养老、健康、文化创意等生活性服务业。

（四）完善基本公共服务

完善应对就业风险的社会政策，建议适应产业结构调整需要，加快完善就业服务和社会保障，加强劳动力市场的供给管理，培养实用型、技能型人才。

改善就业服务。为了减少产业结构调整带来的结构性失业，要加强教育培训。一是大力发展职业教育。适应产业结构调整需要，制定相应领域的职业化发展规划，确定职业教育学校的招生规模和专业结构，增强职业教育相对于学历教育的吸引力，提高教学质量，培养高级技工。生活性服务业有关主管部门要鼓励高等学校、中等职业学校增设家庭、养老、健康等生活性服务业相关专业，扩大人才培养规模。鼓励高等学校和职业院校采取与互联网企业合作等方式，对接线上线下教育资源，探索职业教育和培训服务新方式。依托各类职业院校、职业技能培训机构加强实训基地建设，实施家政服务员、养老护理员、病患服务员等家庭服务从业人员专项培训。鼓励从业人员参加依法设立的职业技能鉴定或专项职业能力考核，对通过初次职业技能鉴定并取得相应等级职业资格证书或专项职业能力证书的，按规定给予一次性职业技能鉴定补贴。鼓励和规范家政服务企业以员工制方式提供管理和服务，实行统一标准、统一培训、统一管理。二是加强就业创业指导和培训。人力资源和社会保障部门配合企业调整就业的渐进过程，积极开展就业指导和培训，提高劳动力素质尤其是农民工素质，增加劳动技能，培养技术工人，减少结构性失业。针对城镇登记失业人员、农村转移就业劳动者、高校在校大学生及应届毕业生、城乡未继续升学的应届初高中毕业生提供职业培训补贴。及时收集和发布就业信息，促进失业人员再就业，消除摩擦性失业。培养创业理念，传授创业技能，鼓励创业者为更多的人提供就业岗位。

完善社会保障。由政府、企业、个人、社会合理分担社会保险缴费与失业风险。一是减轻企业社会保险缴费负担。目前我国企业社会保险缴费率过高。

在由“五险一金”组成的社会保险体系中，单位缴纳的养老保险费率为20%，医疗保险费率为6%，失业保险费率为2%（单位个人比例各省自定），工伤保险和生育保险由单位缴费个人不缴，工伤保险平均费率为0.75%，生育保险的平均费率为不超过0.5%。也就是说，在全国绝大部分地区，企业缴纳的“五险”总费率已达到工资总额的28.25%。单从养老保险看，企业养老保险缴费率既高于1986年养老保险改革时的15%（《国营企业劳动合同制暂行规定》规定总费率为18%，其中企业缴费15%），也高于已经进入超级老龄化社会（老龄化第三阶段）的德国的19.6%，尽管我国仅处于进入老龄化社会（老龄化第一阶段）阶段。这样高的缴费率降低企业投资积极性，甚至导致企业倒闭、工人失业，为此亟须研究降低企业缴费率的程度、结构、步骤和时机。可以考虑允许企业缓交社会保险，进一步降低企业和个人缴纳的失业保险费率，由政府和社会分担失业成本。二是完善失业保险、失业救济和最低生活保障制度。提高失业保险待遇，消除企业和员工的后顾之忧，既可以促进企业减员增效，又可以保障工人离职后的基本生活。为此，建议各地政府在《中华人民共和国社会保险法》基础上，根据自身的实际经济发展状况，完善细化失业救济制度，进一步提高劳动者失业的救济保障水平，确保劳动者在失业后的基本生活保障。

建立协商机制。鉴于规模性失业带来的风险远大于个体性失业，必须尽快建立起专门的劳资协商调解机制，应对大规模经济裁员等劳资纠纷，维护社会稳定。一是建立企业和员工的协商机制，通过职工代表大会，讨论职工分流方案和安置办法，让职工充分表达诉求，减少不满情绪。二是充分发挥劳动人事争议仲裁院的作用。在组织指导职工、用人单位协商调解劳动争议纠纷时，做到依法协商、中立协商、平等协商，避免以往以权势压迫的做法。在协商调解中，鼓励双方通过平等的协商和谈判来解决争议，既保护弱势劳动者的权益不受侵犯，又保护用人单位的合理诉求，使协商取得事半功倍的效果，构建持续和谐的劳动关系。

参考文献

[1] 艾凯咨询. 2017年中国服务机器人市场竞争格局及发展前景预测，中商情报网.

[2] 陈德胜，李洪侠. 2015～2020年国际国内经济形势研判［J］. 宏观经济管理，2015（3）.

[3] 国家统计局. 中华人民共和国2015年国民经济和社会发展统计公报.

[4] 国家统计局. 中国人口和就业统计年鉴（2013～2015年）［M］. 北京：中国统计出版社.

[5] 国家统计局. 中国统计年鉴2015［M］. 北京：中国统计出版社，2015.

[6] 马晓河. 推进农村一二三产业融合发展的几点思考 [N]. 经济日报, 2016-2-25.

[7] 明旭. 把脉经济形势 保持就业稳定——2015 年上半年就业形势分析会综述 [J]. 中国就业, 2015 (7).

[8] 于建嵘. 中国隐性失业问题隐忧 [N]. 人民论坛, 2016-1-25.

[9] 张立群. 中国经济正在筑底企稳——对 2015 年一季度国内经济形势的基本判断 [J]. 中国党政干部论坛, 2015 (5).

[10] 赵腊平. 新常态下我国矿业走出困境路径选择的思考 [N]. 中国矿业报, 2016-1-7.

[11] Wei Ge. China's Urban Unemployment Challenge [J]. International Journal of Business and Social Science, 2011 (2): 4.

第三章

国际经济形势变化对就业风险的影响

邢　伟

内容提要：就业是民生之本，就业风险是动摇民生之本的关键因素。开放经济体中，就业风险不仅受到国内经济社会发展环境的影响，而且与国际经济形势变化密切相关，同时，国内因素与国际因素往往交织在一起共同作用，产生更为综合复杂的影响，应对就业风险的难度也会陡增。通常而言，全球化和国际化的融入程度越深，就业风险的国际联动影响就会越强。随着经济全球化和全球一体化的推进，作为世界上最大的发展中国家和第二大经济体，我国的经济社会发展已经深深地烙上了全球化和国际化色彩，就业形势和就业风险体现得尤为明显，研判就业风险已经无法绕开国际经济形势的分析和研究。

经历过较长一段时期的高速增长后，我国国民经济发展进入新常态，从高速增长转为中高速增长，经济结构不断优化升级，从要素驱动、投资驱动转向创新驱动。与经济新常态相对应，国际经济形势也发生深刻变化，经历过金融危机后的全球经济复苏趋缓，欧美国家纷纷提出再工业化战略，东南亚国家积极承接国际产业转移，国际贸易保护主义有所抬头，同时国际就业形势依然严峻，部分发达经济体的就业状况比较糟糕，这些因素从不同侧面直接或间接对我国劳动力就业形成不同程度的冲击。我国应全面研判国际经济形势变化对就业风险的影响，找准风险源和风险传导机制，判断风险影响强度和力度，综合实施就业优先的应对之策，以稳定就业规模并提升就业质量，从而尽量降低就业风险的负面效应。

第一节　国际贸易对就业风险的影响渠道

（一）国际贸易影响的一般理论

传统宏观经济分析框架下，经济增长主要由投资、消费和出口来共同拉动，理想状态是三者协同推进、协调发展。与之相对应的是，就业的规模、结构和质量也与投资、消费、出口密切相关。关于就业与出口的关系，国际贸易理论中有一定的阐述和解释。

关于国际贸易与就业的理论主要有比较优势理论、H－O－S理论、凯恩斯国际贸易理论、有限贸易保护理论等，这些理论从总量、结构、专业化分工、贸易自由化等角度对国际贸易与就业的关系进行了阐释。从总量上看，对外贸易有助于开拓国际市场，带动对国内产品和服务需求的增加，相应带来就业总量规模的扩大。从结构上看，对外贸易结构对产业结构形成不同程度的影响，要求出口导向型产业的结构与之相一致，从而进一步影响到就业结构的变化与调整。从专业化分工角度来看，国际贸易推动了世界范围内的专业化分工，使资源配置得到进一步优化，劳动生产率和劳动力资源的利用效率将得到大幅提升，优质劳动力的就业机会将显著增加。从贸易自由化角度来看，其他国贸易保护将造成出口导向型产业的萎缩，产品和服务出口会相应减少，进而导致大量失业或就业岗位流失。

当然，上述分析仅仅停留在理论层面，实践层面的对外贸易与就业的关系要远远复杂得多，对外贸易对就业的影响还与综合国力、资源禀赋、外贸结构、技术进步乃至经济体制、文化传统等因素相联系。综合现有研究文献来看，普遍认为出口贸易有助于拉动就业，并带来规模效应，进口贸易则对就业产生冲击，并带来替代效应，因为出口贸易与进口贸易同在，对外贸易的就业影响需要对规模效应和替代效应进行比较评判。当规模效应超过替代效应时，对外贸易对就业的影响是正向的；当替代效应超过规模效应时，对外贸易对就业的影响就是负向的。同时也应注意到，随着国际经济形势的变化，对外贸易对就业的直接拉动作用正在逐步弱化，间接或潜在影响的权重在逐步扩大，传统理论需要有新的发展和解释。

（二）国际贸易的影响深度

改革开放以来，对外贸易特别是出口贸易对我国经济持续高速增长发挥了较强的拉动作用，也是推动就业增长的重要力量。特别是沿海地区对外贸易的快速发展，不仅解决了当地城乡居民的就业问题，而且吸引着大量中西部地区的劳动力前来就业，也是劳动力流动和城镇化发展的重要推动力。李娟（2012）综述相关研究成果，认为全球化主要通过替代效应和规模效应来影响劳动需求弹性，全球化的不断发展提高了劳动需求弹性，从而带来就业市场波动与就业风险。赵婷（2011）采用1978～2009年的数据，认为我国对外贸易促进了就业量的扩大，但是效果不太显著，因为对外贸易对就业带来一定的挤出效应。而且我国对外贸易以加工贸易为主，使得对外贸易乘数效应大打折扣。盛斌、牛蕊（2009）认为，我国国际贸易对劳动力市场的冲击不仅在于影响传统意义上的就业量与工资水平，还会影响到就业风险，而就业风险往往被忽视且具有隐蔽性。国际贸易将通过改变劳动力与其他生产要素之间的替代关系，以及最终产品市场的竞争程度来影响劳动力需求弹性的变化，具体反映为替代效应和规模效应的综合平衡。通过1997～2006年我国工业面板数据分析发现，国际贸易对中低技术产业的劳动力需求弹性变化影响更大，对东部地区的影响更大。

尹希果、印国樱、李后建（2009）综述相关研究成果得出，国际贸易推动发达国家劳动力从工业向服务业转移，增加了新型产业中技术型劳动力的就业规模和薪酬水平，并且加快了劳动密集型产业的向外转出，从而推动了就业结构的改善。与此相对应的是，以出口为导向的国际贸易促进了发展中国家劳动密集型产业的发展，吸引劳动人口从农业向工业转移，从整体上提高了全社会就业率。李占国、符磊、江心英（2014）利用2002～2011年28个行业的面板数据分析发现，总体外包对劳动就业具有微弱的促进作用，具体比较而言，制造业外包和资本密集型行业外包的就业促进作用比较显著，劳动密集型行业外包总体上创造了更多的就业岗位，但是较高报酬的有效就业岗位并未显著增加，服务业外包对就业具有一定的促进作用。史青、李平、宗庆庆（2014）利用2000～2007年持续存活的工业企业数据分析，认为出口增大了就业风险，除高科技企业和资本密集型企业外，出口贸易增加了不同类型劳动力之间的替代，增高了就业的不稳定性。出口贸易一方面带来就业规模的扩大，另一方面也降低了技术工人的就业比例，恶化了工人的就业结构，高技术企业、我国港、澳、台外的其他外资企业、泛珠江三角洲地区企业受到的影响尤为明显。

李永杰、张华初（2008）采用广东省1979～2006年的对外贸易数据得到，出口对就业的弹性是0.760030，进口对就业的弹性为－0.774929，即出口对就业有正效应，进口对就业有负效应，这与传统国际贸易理论的分析是一致的。段玉婉、蒋雪梅、祝坤福等（2012）运用投入产出模型对2002～2007年数据分析发现，由于就业系数的下降，我国出口对国内就业的拉动效率出现了较大幅度的下降，对欧盟出口的就业拉动效率下降最为明显。进一步分析发现，我国对欧洲、美国货物出口的就业拉动效率均小于货物出口平均就业拉动效率，其中，对美国出口的拉动效率最低。

（三）国际经济形势的影响

1. 国际经济复苏对进出口的影响

基于国际贸易特别是出口贸易对我国经济增长的贡献，国际经济形势变化对我国经济增长以及相应的就业状况必然有着较大影响。2008 年以来，国际金融危机的深层次影响依然存在，全球经济增速整体放缓，世界经济复苏乏力且不均衡。发达经济体中，美国经济复苏相对稳健，欧元区度过了债务危机但复苏基础仍不牢固，日本经济则基本处于停滞状态。新兴经济体中，我国和印度仍保持较快增长，但其他国家增速较低，而且发展中国家的整体发展态势不太乐观。国际货币基金组织 2015 年 10 月发布的《世界经济展望报告》中预测数据显示，2015 年全球经济增长率为 3.1%，比 2014 年下降 0.3 个百分点，其中发达经济体增速为 2.0%，比 2014 年上升 0.2 个百分点，新兴经济体增速为 4.0%，比 2014 年下降 0.6 个百分点，主要国家和地区的前景依然不均衡。世界银行在 2015 年 5 月的《全球经济展望》报告中，预计 2015 年全球经济增速为 2.8%，其中发达国家为 2%，发展中国家为 4.4%。

从表 3－1 和表 3－2 的出口形势来看，2008～2014 年，我国进出口总额从 179921 亿元增至 264242 亿元，增幅为 46.9%，其中出口总额从 100395 亿元增至 143884 亿元，增幅为 43.3%。2015 年上半年我国出口 6.57 万亿元，增长 0.9%。2010～2014 年，我国出口增速从 31.3% 一直下降至 6%，出口额占国内生产总值的比重从 26.2% 降至 22.6%。这表明，我国出口受到国际金融危机的影响，但继续保持增长态势，在创造就业方面仍发挥着重要作用。

表 3－1　　2008～2014 年我国进出口总额　　单位：亿元

年份	进出口总额	出口总额	进口总额	进出口差额
2008	179921	100395	79527	20868
2009	150648	82030	68618	13412
2010	201722	107023	94699	12324
2011	236402	123241	113161	10079
2012	244160	129359	114801	14558
2013	258169	137131	121038	16093
2014	264242	143884	120358	23526

资料来源：中华人民共和国国家统计局官方网站数据库。

表 3－2　　2008～2014 年我国出口额变化情况　　单位：%

年份	出口额增速	出口额占国内生产总值比重	出口额占世界出口总额比重
2008	17.5	31.7	8.9
2009	－16.0	23.7	9.6

续表

年份	出口额增速	出口额占国内生产总值比重	出口额占世界出口总额比重
2010	31.3	26.2	10.3
2011	20.3	25.5	10.4
2012	7.9	24.2	11.1
2013	7.8	23.3	11.7
2014	6.0	22.6	12.3

资料来源：国家统计局贸易外经司．中国贸易外经统计年鉴（2015 年）［M］．北京：中国统计出版社，2015.

2. 国际经济复苏对就业的综合影响

综合而言，国际经济复苏形势比较复杂，对我国就业状况的利好与挑战并存。利好表现在，美国、欧盟等主要出口市场国家的经济在逐步复苏，对我国出口商品的需求开始回升，有助于出口导向型行业和企业的生产稳定，特别是纺织品、服装、箱包、鞋类、玩具、塑料制品等传统劳动密集型产品，对劳动力吸纳能力和就业巩固作用仍比较明显。挑战表现在，国际经济复苏形势不稳定，发达经济体的进口需求比较疲软，使得我国出口增速下降，近年来出口增速较快的发展中国家复苏缓慢，对我国出口商品的需求也出现相应下滑，出口市场的全面下滑将导致就业风险的显著增加。与 2013 年相比，2014 年填充用羽毛及羽绒、生丝、棉纱线、丝织物、棉机织物、针织或钩编服装等产品的出口均出现不同程度地下降（见表 3－3）。

表 3－3　2013～2014 年我国部分主要出口商品的数量和金额

商品	数量（吨）		金额（万美元）	
	2013 年	2014 年	2013 年	2014 年
填充用羽毛及羽绒	38673	41407	100233	99655
生丝	6690	6359	37358	34017
棉纱线	523286	431379	251516	206262
丝织物	—	—	96455	90711
棉机织物	—	—	1550809	1461612
针织或钩编的服装	—	—	8689284	8171923

资料来源：国家统计局贸易外经司．中国贸易外经统计年鉴（2015 年）［M］．北京：中国统计出版社，2015.

具体到国际经济形势对就业的影响，需要从长期和短期的角度、行业企业的不同类型等方面来展开分析。从短期来看，经济形势下滑将带来就业总量规模的波动甚至下降，但各行业领域的影响程度有强有弱，部分行业领域有可能出现较大面积的就业萎缩，造成就业形势的严峻和恶化，如纺织行业、服装行业等。从长期来看，经济形势下滑一方面带来就业总量的减少，另一方面也通过产业结构的转型升级，从而有助于就业结构的调整完善和就业质量的提升，增强劳动力竞争力和就业市场的抗风险能力。对于以出口为主、出口转内销难度大且受国际形势影响较强的行业，国际经济复苏缓慢将导致订单减少、生产下降和开工不足，进一步带来劳动用工减少。如果国际经济形势不能及时好转，短暂的劳动用工减少将有可能演变为长期的失业问题，从业人员只有转行就业。对于以出口为主、出口转内销难度小的行业，国际经济复苏缓慢导致国际市场需求的减少，但通过增加国内市场需求将带来一定程度的弥补，劳动用工会一定程度上在调整中实现新的平衡。总体而言，我国产业门类比较齐全，国内市场拥有一定腾挪空间，如果通过相关途径能够缓解就业风险压力，国际经济复苏趋缓对就业的不利影响仍处于可控范围之内。

从典型调研来看，首先，国际经济形势复苏趋缓对珠三角地区、长三角地区的出口导向型企业产生直接冲击，大多数企业都受到国际市场需求下降、订单减少的影响，出现开工不足等现象，从而在一定程度上加大了劳动用工成本，一些利润率较低、抗风险能力弱的企业选择了间歇开工、减少用工、临时放假等形式。广东等地一些服装厂、电子元器件加工厂、箱包厂选择关闭，直接产生了一批失业人员。其次，国际经济形势复苏趋缓对中西部地区的配套行业和企业带来间接冲击，包括原材料需求的下降，这种情况对就业的负面影响比较隐蔽。最后，国际经济形势复苏趋缓对就业的影响体现在，东部发达地区就业减少产生的失业人员主要来自中西部地区，这些人员如果选择回流到中西部地区，虽然在一定程度上填补中西部地区技术型劳动力的相对不足，同时也对中西部本来相对脆弱的就业市场带来冲击，造成劳动力市场的波动和不稳定。由于劳动力总量规模比较大，而且出口导向型行业的普通劳动力比较多，虽然出口形势严峻带来的直接失业率不是很高，但受影响的劳动力人口绝对数仍然相当庞大，是引发社会不稳定和社会冲突的重大隐患，必须引起高度关注和重视。

第二节　欧美再工业化对我国风险就业的影响

（一）欧美国家再工业化的背景

20 世纪 60 年代开始，与全球产业转移相伴随，基于产业结构转型和成本因素等方面的考虑，同时受到知识经济发展的刺激，欧美国家大力发展服务业、金融业等非制造产业，并将其视为培育国家核心竞争力的重要支柱，同时将传统加工制造业向中国和其他发展中国家转移。欧美国家去工业化的直接表现就是，大量劳动力迅速从第一产业、第二产业向第三产业转移，制造业增加值占本国国内生产总值的比重和制造业增加值占世界制造业增加值的比重均持续降低。美国制造业增加值占国内生产总值的比重从 1980 年的 21.1% 降至 2010 年的 11.7%，占全球制造业增加值的比重从 20 世纪 50 年代的 50% 降至 2010 年的 19.4%，制造业就业人数占总就业人数的比重从 1980 年的 21.6% 降至 2010 年的 8.9%，就业人数的降速快于增加值的降速，前者降幅达到 58.8%，后者降幅为 44.5%。20 世纪 90 年代开始，德国、法国等欧洲国家的实体经济逐步进入后工业化阶段，大量制造业以外包形式转入我国等发展中国家，从而出现了制造业“空心化”现象。

2008 年的国际金融危机和欧洲债务危机使得欧美国家看到金融业和服务业抗危机能力的不足，重新认识到发展实体经济的重要性，并对 20 世纪 60 年代开始采取的去工业化政策进行反思，纷纷提出再工业化战略，以重振本土制造业，并将其提升到重塑国家竞争优势的战略高度，力图重新掌控制造业的竞争控制权并培育为新的经济增长点。

（二）欧美国家再工业化的主要措施

为推动制造业的强势发展，欧美国家针对再工业化战略提出了有针对性的政策举措。美国政府将新能源、新材料等新技术应用作为应对金融危机、拉动国内就业的重要途径，积极发展高附加值的制造业，力图在先进制造技术、智能制造、新能源、生物技术、信息技术等领域建立起具有强大竞争力的新工业体系。美国制造业协会提出，美国要成为世界上超一流的制造中心和国际投资最具吸引力国家，成为世界制造业的创新主导者，美国制造业的产品市场要覆盖到全球绝大部分地区。同时，美国已经正式启动高端制造计划，在纳米技术、能源材料、生物技术、智能机器人等领域加强科研攻关，并积极推动全球资金、技术和人才向美国集聚，旨在科技研发、先进技术和高端制造等领域建立起世界领先地位。欧盟正在加速推进低碳产业、信息产业的快速发展，加大研发创新投入，出台各类促进工业企业发展政策，以提振工业实体经济竞争力。德国提出“工业 4.0”项目计划，包括智能工厂、智能生产、智能物流等主题，通过充分利用信息通信技术和网络空间虚拟系统相结合，将智能化概念引入制造业发展。

（三）欧美国家再工业化的影响

欧美国家再工业化必将对我国制造业形成一定冲击，而且呈现出结构性的差异化特征。从制造业产品出口来看，随着欧美国家与我国制造业成本差距的逐步缩小，传统意义上的我国劳动力廉价优势在逐渐弱化，我国制造业出口产品的竞争优势也相应大幅降低，加上欧美国家的跨国企业将部分制造业务回迁母国，从而使得我国制造业出口业务出现一定程度的萎缩。例如，美国银行柜员机巨头 NCR 公司将部分 ATM 机的生产业务从我国转移回美国。从制造业全球产业分工体系来看，欧美国家长期处于研发、品牌等价值链高端环节，通过掌握关键技术、产业标准、知识产权和门槛规则等方式来控制全球产业分工体系，我国制造业主要处于附加值低、利润薄的低端环节，属于“微笑曲线”的中间部分，容易受到欧美国家的约束和牵制，自主掌控能力很弱。从制造业创新能力来看，我国自主创新在市场导向、制度安排、激励机制设计等方面与欧美国家相比仍有较大差距，对制造业的推动作用相对小一些，与欧美国家分享制造业技术创新主导权、参与国际产业分工谈判的综合能力偏弱。再工业化战略将使得欧美国家占据主导地位的产业分工体系更加稳定，并且固化这一地位，这将不利于我国从制造大国向制造强国的转变。

1. 近期带来就业机会的波动和减少

欧美国家再工业化将毫无疑问对我国就业带来巨大挑战。从近期来看，一些欧美国家的跨国企业已经将部分加工制造业务回迁到母国，减少在我国加工业务量乃至关闭工厂，同时将与加工生产紧密相关的研发、技术支持甚至市场营销等业务转移回去，这将直接减少我国的就业规模，而且这种减少可能会持续一段时间。从远期来看，欧美国家再工业化将对我国制造业向中高端迈进形成巨大挑战，不利于我国在制造业领域打造自身品牌和竞争力优势，并建立起有效话语权，相反有可能将制造业形态固化在中低端领域，从而使我国制造业的就业形态处于从属和被支配地位，难以形成与欧美国家同等劳动力的核心竞争力，潜在就业风险将会增大。

同时应当看到，欧美国家的再工业化并非简单意义上的低端制造业回流，而是高端制造业的培育与发展，并在制造业领域建立起新的竞争优势体系。因此，单纯从制造业发展格局来说，欧美再工业化对我国现行制造业的直接竞争不强，替代效应比较有限，我国低端制造业向欧美国家大规模转移的可能性不大。拥有大量技术娴熟、工资成本相对较低的技工，以及庞大的产品消费市场，仍然是我国与欧美国家制造业竞争的优势所在。以苹果公司为例，其不将生产线从我国迁回美国的主要原因不是工人工资低，而是我国拥有更多的技术工人，事实上绝大多数苹果公司产品是由 100 万名中国工人生产的[①]。我国不仅是苹果产品的生产者，同时也是苹果产品的消费者，我国是目前仅次于美国本土的苹果产品第二大市场。根据苹果公司 2015 年第 4 季度的财务报告，包括中国香港在内的大中华市场为苹果公司贡献了 24% 的收入。其他很多欧美国家的跨国公司亦是如此。

2. 远期促进就业结构的转型升级

从长远来看，随着制造业体系的整体升级，低端制造业在制造业体系中所占的比重会呈下降趋势，将倒逼产业技术工人的转型换代，我国制造业领域的劳动力必须进行知识更新和技能提升，才能更好适应新技术革命背景下的劳动力需求。同时，随着智能技术的逐步开发和应用，越来越多的工业机器人进入生产线作业，在劳动强度、工作耐力和精准性方面具有产业工人无法比拟的优势，“机器换人”将在部分行业和领域成为必然趋势，使得低端产业工人面临相对严峻的被淘汰风险。可喜的是，改革开放四十年来，我国产业技术工人经历过几次大的转型调整，简单培训出来的第一代农民工由于年龄偏大、技能不胜任等原因已经逐步淡出，经过正规职业教育和专业技能培训的第二代农民工已经成长为主体，他们的知识储备更多，适应能力更强，抗风险能力也更强。

从技术创新和进步的角度来说，我国正深入实施创新驱动发展战略，积极培育高端要素、高端产业和创新高地，特别是加快构建结构合理、开放兼容、自主可控、具有国际竞争力的现代产业技术体系，通过发展新一代信息网络技术、智能绿色制造技术、安全清洁高效现代能源技术、现代农业技术等，支撑引领新兴产业集群发展。在这一大背景下，我国将聚焦天空、海洋、信息网络、生命科学、核技术等核心领域，重点发展节能环保、新一代信息技术、生物、高端装备制造、新能源、新材料等代表技术突破和市场需求的战略性新兴产业，全面提升战略性新兴产业对产业升级的支撑引领作用。客观地说，创新驱动发展战略将在一定程度上对冲欧美再工业化带来的负面影响，通过产业结构的升级带动就业结构的升级，推动我国由制造业大国向制造业强国转变，从而实现劳动就业的相对稳定。

第三节　国际就业形势对我国就业风险的影响

（一）全球劳动力市场状况和发展趋势

2008 年金融危机以来，全球经济增速放缓，负面影响迅速波及劳动力市

① 苹果公司总裁蒂姆·库克（Tim Cook）2015 年接受美国 CBS 电视台采访时提供的信息。

场，造成全球就业缺口的出现并持续扩大。2014 年全球共有 2.01 亿失业人员，比2008 年增加约3100 万人。国际劳工组织预计，2015 年失业人员继续增加300 万人。其中，青年失业人员所占比重较高，青年人失业率约为成年人失业率的3 倍，这与该群体受教育程度较高的现状不匹配，更容易引发对社会的不满和怨愤。

发达经济体和新兴经济体的就业状况出现分化，主要发达经济体的就业形势有所改善，美国、欧洲和日本的失业率在不断下降，部分国家已经恢复到危机前水平，而新兴经济体的就业状况并未取得明显好转，部分国家的就业形势反而趋于恶化，短期内仍难出现扭转迹象。如表 3 - 4 所示，2009 ~ 2014 年，美国的失业率从 9.2% 升至 2010 年的 9.6%，然后逐步降至 6.2%；英国的失业率从 7.5% 升至 2011 年的 8.0%，然后逐步降至 6.1%；德国的失业率从 7.7% 持续降至 5.0%；日本的失业率从 5.1% 持续降至 3.6%；加拿大的失业率从 8.3% 持续降至 6.9%。这些国家失业率的降低，虽然幅度有大有小，速度有快有慢，但总体上就业状况好转的趋势相当明显。同时也应注意到，法国、意大利、荷兰、葡萄牙、澳大利亚、阿根廷、埃及等国家的失业率仍然居高不下，意大利、葡萄牙等国家的失业率甚至超过 10%，部分国家的失业率在 2014 年出现上升，就业状况不容乐观。

表 3 - 4　　2009 ~ 2014 年世界主要国家的失业率　　单位：%

国家	2009 年	2010 年	2011 年	2012 年	2013 年	2014 年
中国	4.3	4.1	4.1	4.1	4.05	4.09
美国	9.2	9.6	9	8.1	7.4	6.2
英国	7.5	7.8	8	7.9	7.5	6.1
德国	7.7	7.1	5.8	5.4	5.2	5
法国	9.1	9.3	9.2	9.8	9.9	9.9
日本	5.1	5.1	4.6	4.3	4	3.6
韩国	3.6	3.7	3.4	3.2	3.2	3.5
加拿大	8.3	8.1	7.5	7.3	7.1	6.9
意大利	7.7	8.4	8.4	10.7	12.1	12.7
俄罗斯	8.4	7.5	6.5	5.5	5.5	—
瑞典	8.4	8.6	7.8	8	8.1	8
荷兰	3.4	4.5	4.4	5.3	6.7	6.8
葡萄牙	9.4	10.8	12.7	15.5	16.2	13.9

续表

国家	2009 年	2010 年	2011 年	2012 年	2013 年	2014 年
澳大利亚	5.6	5.2	5.1	5.2	5.7	6.1
阿根廷	9.1	7.7	7.2	7.2	7.1	7.3
匈牙利	10	11.2	11	11	10.2	7.7
埃及	9.4	9	12	12.7	13.2	—
新西兰	6.1	6.5	6.5	6.9	6.2	5.7
印度尼西亚	7.9	7.1	6.6	6.1	6.2	5.9
马来西亚	3.7	3.3	3.1	3	3.1	2.9
菲律宾	7.5	7.3	7	7	7.1	6.8
泰国	1.5	1	0.7	0.6	0.8	0.8

资料来源：国家统计局人口和就业司，人力资源和社会保障部财务司．中国劳动统计年鉴（2015年）[M]．北京：中国统计出版社，2015.

从未来一段时期内的发展趋势来看，全球就业形势主要体现在以下三个方面。

第一，金融危机造成的就业缺口短期内难以完全弥补。2007～2014 年，全球年均就业增长率低至 1.2%，预计未来一段时期内就业创造仍将保持较低的增长率，这样随着劳动力队伍的扩大，失业人员规模还将进一步上升。从结构上来看，发达经济体和新兴国家的失业率仍将持续保持分化状况，发达经济体弥补就业缺口的难度相对小一些，而新兴国家弥补就业缺口的难度要大很多。更进一步看到，全球经济复苏步伐缓慢，同时国际上有贸易壁垒重新建立并恶化的趋势，从而将弥补就业缺口的难度进一步加大。

第二，青年群体失业状况令全球担忧。尽管青年群体的受教育程度显著提高，但很多国家的青年人失业率持续上升，国际劳工组织估计 2015 年青年人失业率将达到 13.1%，东亚和拉美国家的青年人失业状况尤为堪忧，欧盟和美国的青年失业人员通过各种途径来发泄对找不到就业岗位的不满。特别是近年来，发达经济体的青年失业人员纷纷采取游行、抵制外国产品等极端形式来向政府施压，向社会传递负面情绪，新兴国家的青年失业人员也在将就业问题引向政治、经济、社会、文化等领域，成为激发社会矛盾、引起社会不稳定的潜在风险源。从群体特征上看，青年群体具有较大的不确定性，也是各国政府制定国际贸易、就业等政策时需要重点关注的对象，他们的诉求也尽量被满足。

第三，高技能职业需求量不断增加。绝大多数国家和地区的低技能就业占就业总量的比重都在下降，发达经济体的中等技能就业也在下降，全球高技能就业一直处于上升趋势。这一发展趋势对就业形势的直接影响是，各国和地区的劳动力必须尽快通过学历教育、职业培训等途径来提升技能，以更好适应新技术、信息化时代的客观要求。在这轮调整转型过程中，方向正确、动作较快的劳动力将会很快适应，部分劳动力则面临着被淘汰的风险。

（二）东南亚国家制造业大发展的影响

近年来，随着我国劳动力成本、物流成本以及综合生产成本的提高，一些国际制造商将加工生产工厂从我国迁移到劳动力成本更为低廉的东南亚国家，柬埔寨、印度尼西亚、越南、孟加拉国等国家尤为明显。从转移原因来看，国际制造商向东南亚国家转移业务的主要原因是，东南亚国家的劳动力成本相对低廉，约为我国的60%，对行业平均利润率本已较低的加工制造业来说，这个显得非常重要。以纺织业为例，越南工人的月均工资水平约合人民币2000元，我国沿海城市纺织厂熟练工人的月均工资达到3000元。从产业类型来看，服装、鞋类、电子产品等行业向东南亚国家转移的比重较大，主要源于这些行业目前仍属于劳动密集型，对劳动力成本因素比较敏感，同时对技术等要素的要求相对较低，而且为一些大型制造商或品牌商所主导。

1. 低端加工制造业的基本情况

低端加工制造业向外转移，总体而言，符合国际产业结构分工布局调整的发展趋势。客观来看，低端加工制造业向外转移对我国劳动力就业形成了一定冲击，特别是向外转移速度比较快的服装、鞋类、电子产品等行业，使得本已面临各种困难的就业形势更为严峻，我国东部沿海地区的失业人员已经形成一定规模。这些行业是改革开放以后迅速发展起来的，投资主体中外资和我国港、澳、台资占有一定比重，产品中很大一部分用于出口，企业主要集中于广东省、浙江省、江苏省和福建省等东部沿海地区，同时吸引着大量来自中西部地区的转移劳动力。客观地说，低端加工制造业在发展初期，对我国工业发展和出口贸易做出了较大贡献，也创造出大量的新增就业岗位。因此，低端加工制造业向外转移，将直接带来这些就业岗位的流失。典型调研发现，珠三角地区、长三角地区很多城市的部分工厂已经关闭、停产或减产，很多员工已经被动放假或减少上班时间，这给当地就业带来一定压力，甚至部分工人已形成返乡潮。

从返乡工人的就业意愿来看，主要有四种情形：一是认为东部发达地区的就业岗位流失是金融危机影响下的短暂现象，待金融危机过后这些岗位还会恢复，他们也期望能够重返原来就业岗位，同时对此也较有信心。二是随着中西部地区经济的不断发展，劳动工资水平得到大幅提升，考虑到生活成本、往返旅费和背井离乡等因素，他们觉得在家乡周边城市工作与去东部沿海地区工作的差距并不大，因此重返东部地区就业的积极性不是很高。三是低端加工制造业向外转移是必然趋势，原有就业岗位不一定能够继续存在，他们继续到发达地区从事其他工作。四是部分年龄相对偏大的工人由于技能水平较低且培训转岗难度较大，将不再到加工制造业领域寻求工作机会，并逐步退出就业领域。

2. 低端加工制造业向东南亚国家转移的深度比较

低端加工制造业向东南亚转移虽然是一种趋势性现象，且当前呈现出一定规模，但这并不意味着我国的制造业大国地位将很快丧失，也并不意味着我国的制造业就业岗位将迅速失去，即就业挑战并不必然酿成就业危机。深入分析其中原因，主要有两个方面。

第一，劳动力成本低廉并不等同于生产成本低廉，成本优势并不必然转化为产业竞争优势。东南亚国家的劳动力综合素质远不及我国多年来培养形成的熟练技术工人，劳动生产率水平平均比我国低约 20%，对高强度劳动的适应能力较弱，职业素养和忠诚度一般，从而在较大程度上抵消了劳动力成本低廉的相对优势。同时，随着外资企业的大量涌入，东南亚国家的土地、燃油、电力、物流成本近年来大幅上升，带来生产成本的快速上涨，综合测算下来的单位产品生产成本优势进一步削弱。从表 3 – 5 中的劳动力参与情况来看，2013 年我国劳动力人口达到 79931 万人，超过东南亚国家的总和，我国劳动参与率为 71.3%，与东南亚国家相比居于中间水平。从表 3 – 6 的每个就业者创造的国内生产总值来看，2012 年我国为 15250 美元，比新加坡、马来西亚和泰国的水平低，但远高于越南、柬埔寨、菲律宾、缅甸等国家，而这些国家也正好是这轮低端加工制造业转移的目的国。

表 3 – 5　2013 年我国与东南亚主要国家的劳动参与率比较　单位：%

国家	劳动力人口（万人）	劳动参与率	女性劳动参与率
中国	79331	71.3	63.9
越南	5374	77.5	73.0
老挝	341	77.7	76.3
柬埔寨	861	82.5	78.8
泰国	3965	72.3	64.3
缅甸	3143	78.6	75.2
马来西亚	1304	59.4	44.4
新加坡	307	67.8	58.8

续表

国家	劳动力人口（万人）	劳动参与率	女性劳动参与率
印度尼西亚	12029	67.7	51.4
文莱	20	64.0	52.6
菲律宾	4225	65.2	51.1

资料来源：中华人民共和国国家统计局．国际统计年鉴（2015 年）［M］．北京：中国统计出版社，2015.

表 3－6　2009～2012 年我国与东南亚国家每个就业者创造国内生产总值 单位：美元

国家	2009 年	2010 年	2011 年	2012 年
中国	11864	13056	14203	15250
越南	5654	5877	6061	6272
柬埔寨	4761	4988	5224	5449
泰国	15157	16152	15988	16764
缅甸	6301	6765	7335	7670
马来西亚	23920	23728	24226	24857
新加坡	44756	48981	49704	49719
印度尼西亚	10186	10474	11002	11461
菲律宾	8024	8401	8457	8667

注：购买力评价法，1990 年不变价。
资料来源：中华人民共和国国家统计局．国际统计年鉴（2015 年）［M］．北京：中国统计出版社，2015.

第二，我国拥有非常成熟完善的基础设施和产业链等配套环境，为低端加工制造业提供了稳定良好的发展空间。我国营商环境日趋成熟完善，原材料供应充足，市场空间巨大，上下游关联产业发展机会较多，对低端加工制造业具有较强的综合吸引能力。相比较而言，东南亚国家政治动荡，法制观念薄弱，社会不安定因素比较多，干扰了企业的正常生产秩序。同时，东南亚国家的交通等基础设施建设比较落后，无法较好满足现代加工制造业规模大、节奏快的综合性物流交通需求。从表 3－7 企业经营环境排名比较来看，2014 年印度尼西亚、菲律宾、缅甸、老挝等东南亚国家的排名均在我国后面，越南与我国的差距也不大。从表 3－8 全球竞争力指数排名比较来看，2014 年除新加坡和马来西亚外，东南亚其他国家的排名均落后于我国。从表 3－9 可持续经济发展评估指数排名来看，2014 年越南、老挝、柬埔寨、印度尼西亚和菲律宾的排名不及我国。

表 3-7　　2014 年我国与东南亚主要国家企业经营环境排名　　单位：位

国家	企业经营环境排名	开办企业排名	缴纳税款排名	中小投资者保护排名
中国	90	128	120	132
越南	78	125	173	117
老挝	148	154	129	178
柬埔寨	135	184	90	92
泰国	26	75	62	25
缅甸	177	189	116	178
马来西亚	18	13	32	5
新加坡	1	6	5	3
印度尼西亚	114	155	153	43
文莱	101	179	30	110
菲律宾	95	161	127	154
东帝汶	172	96	55	100

资料来源：中华人民共和国国家统计局．国际统计年鉴（2015 年）［M］．北京：中国统计出版社，2015.

表 3-8　　2014 年我国与东南亚主要国家全球竞争力指数排名　　单位：位

国家	总指数	分类指数		
		基础设施	效率增强	创新与成熟度
中国	28	28	30	33
越南	68	79	74	98
老挝	93	98	107	80
柬埔寨	95	103	100	116
泰国	31	40	39	54
缅甸	134	132	134	139
马来西亚	20	23	24	17
新加坡	2	1	2	11
印度尼西亚	34	46	46	30
菲律宾	52	66	58	48
东帝汶	136	122	141	136

资料来源：中华人民共和国国家统计局．国际统计年鉴（2015 年）［M］．北京：中国统计出版社，2015.

表 3－9　2015 年我国与东南亚主要国家可持续经济发展评估指数排名

国家	排名（位）	可持续经济发展评估指数	分类指数		
			经济	投资	可持续
中国	76	42.9	52.1	71.1	31.9
越南	79	42.4	50.0	62.4	45.0
老挝	111	29.2	54.9	39.7	39.7
柬埔寨	108	30.9	41.0	37.1	50.7
泰国	67	46.6	48.3	66.9	44.1
马来西亚	49	57.6	64.0	75.6	50.5
新加坡	10	89.9	87.8	88.1	70.1
印度尼西亚	84	40.7	49.1	52.8	48.7
菲律宾	96	36.0	51.7	49.3	45.6

资料来源：中华人民共和国国家统计局．国际统计年鉴（2015 年）［M］．北京：中国统计出版社，2015.

基于上述原因，一些低端加工制造业企业并没有贸然从我国大规模撤出，而是分期、分批试探性地转移生产业务，在我国仍保留一定比例的加工业务，以保障生产业务的连续性和稳定性。典型调研发现，一些制造业企业对从我国大举撤出并没有十足把握，同时已经认识到东南亚国家投资办厂也面临诸多问题和挑战，综合生产成本降低的空间并不大，不确定性因素更多。而且近年来，东南亚国家的工人对涨薪的呼声也很高，甚至采取罢工、捣毁机器设备等极端手段来达到目的，劳动力成本低廉的优势在逐步减弱。综合权衡下来，东南亚国家承接低端加工制造业产业转移的综合优势尚未强大到足以大范围吸引我国制造业向外转出的阶段。一些加工制造商重新加大在我国设立企业的业务比重，相应减少东南亚国家的业务比重，就是比较有力的佐证。

更应看到的是，随着我国企业综合生产成本的进一步降低，以及大量高技能工人的培育和成熟，加上东南亚国家无法取代的消费市场优势，我国在加工制造业领域的综合优势还将在一段时期内继续保持，部分产能转移和就业岗位流失并不影响就业形势的总体判断。如果我国能够化竞争压力为发展动力，进一步夯实产业发展基础，加大技术创新力度，增强企业核心竞争力，从长期来看还将推动我国就业结构的转型升级。

（三）国际就业形势的影响

我国经济社会发展融入国际化的程度越来越深，劳动就业无法与国际市场相阻隔，国际就业市场的各种风险将通过相应机制传递到我国就业市场，从而引发一定的就业风险。

首先，国际就业形势严峻将不利于我国就业状况的好转。欧美国家的青年人失业率比较高，直接原因是岗位创造跟不上岗位流失，造成就业岗位不足，很多人将就业岗位不足的部分原因归咎于对我国产品的进口，认为从我国进口产品挤占了本国就业岗位的创造，因此对我国出口产品进行抵制，这不利于出口企业的就业需求。新兴国家在产业结构特别是出口产品结构上与我国有很大的同质性，从而在国际市场上形成直接竞争，当竞争力不及我国时，则将无法通过出口来促进就业的责任推卸给我国。同时，由于我国公开发布的登记失业率又明显低于国际平均水平，更加令人认为中国劳动力抢夺了其他国家工人的就业机会。

其次，国际劳动就业标准对我国就业形成倒逼压力。我国出口贸易总量规模以及占全球贸易的结构比重，让其他国家越来越增强竞争色彩，基本思路就是压制我国及我国企业，并通过本国跨国企业来付诸行动，如提高产品标准、提升劳动报酬、强化劳工标准等，借此提高我国出口企业的劳动生产成本，从而在一定程度上弱化产品竞争优势，这给我国劳动就业带来相应的挤出效应。近年来，我国企业遭受反倾销调查、劳动环境调查等方面的案件迅速增多即是明证，通过这些行动，即使我国企业胜诉，也无形中增加了较大一部分成本。短期来看，国际劳动就业标准的严格实施，将直接或间接提高企业的产品成本，从而降低了产品的竞争力。但从长期来看，国家劳动就业标准的严格实施，将对我国各类企业形成强大的倒逼压力，同时也有助于我国企业在国际谈判中增强话语权，只要能将压力转化为动力，我国企业的国际地位仍然能够保留，我国的就业岗位就不会大规模流失。

最后，新兴经济体的就业形势恶化对我国就业构成一定竞争挑战。新兴经济体虽然不是我国出口贸易的主要对象国，但与我国在出口市场产品方面具有较强的同质性和竞争性，较小的市场份额容易赢取欧美等主要市场国家的同情和青睐，这种非市场原因也会影响到我国就业市场的稳定。特别是部分国家，我国与其在国际事务中具有较多的共同利益，需要相互尊重、相互理解和相互协商，出口及其带来的就业问题也将成为我国与其他国家或地区进行洽谈协商的重要议题之一。

第四节　国际经济视角下应对就业风险的对策

（一）厘清国际国内因素的联动效应

国际经济形势变化往往与国内经济、社会等各类因素结合在一起，共同作用于劳动力市场和影响就业风险，并形成联动效应。作为经济规模最大的发展中国家和对外依存度较高的经济体，国际经济形势变化不仅对就业风险产生直接影响，而且通过国内因素的联动间接带来积极或消极的作用，很多情况下二者交织在一起，很难完全分清各自的作用范围和程度。

从应对就业风险的角度来说，我国首先要深入剖析并有效区分国际经济形势变化的影响范围、作用机理和传导机制，才能制定并采取科学的应对之策。对直接受制于国际市场变化且国内尚无市场腾挪空间的产业，要分析其就业风险是长期还是短期的、市场行情有无恢复的可能性以及恢复的难度与程度，并针对各种情况对产业劳动力制定出相应的实施方案。对国际市场容量可在一定程度上为国内市场所消化吸收的产业，要分析国内吸收的空间大小和配套办法，重点分析短期吸收的长期应对方案，产业结构如何转型升级以提高产业竞争力。对资源消耗型、处于产业链低端的产业，不能过于留恋并给予政策保障，而应积极主动、自然地逐步淘汰。

（二）提升出口产品国际竞争力

基于我国当前就业对外贸的依存度仍然较高，保持对外出口的平稳增长仍是实现就业稳定的重要途径。在经济新常态和开放大格局的背景下，要深入分析国际政治经济变化新趋势对我国出口市场的影响，积极化解出口环节遇到的瓶颈制约，进一步推动出口结构优化，提升出口产品国际竞争力，实现就业规模的总体稳定和就业结构的逐步优化。

一要着力提升出口产品技术含量。加快改造传统产业，提高劳动密集型产品的质量、技术含量和附加值，实现出口产业结构向中高端迈进。鼓励企业通过进口、境外并购、国际招标、招才引智等途径引进国外先进技术，并促进对其进行消化吸收和再创新。大力发展技术密集型产业生产型服务业，培养具有国际竞争力的大型企业。二要加快推进出口产品品牌建设。引导企业加强品牌建设，通过自主创立、国际并购等途径培育一批拥有核心技术的行业品牌。支持行业组织、国内企业参与国际行业标准的制定，支持企业开展商标和专利的国外注册保护。通过双边合作或多边合作等各种渠道，加大我国自主品牌产品的海外推介力度。三要切实提高出口产品质量水平。积极采用国际通行质量技术标准，融入国际认可的产品检测和认证体系，同时积极参与国际质量技术标准的修订和完善，引导企业按照国际标准来组织生产和质量检验。大力推进重要产品追溯体系建设，完善产品质量安全风险预警与快速反应机制。四是大力加强出口区域载体和平台建设。大力推进自由贸易区建设，形成各具特色的出口开放基地，大力发展加快复制推广自由贸易试验区的贸易便利化措施，进一步提高贸易便利化水平。当前要深入分析“一带一路”倡议带来的新机遇，加快推动出口结构优化和质量提升，培育新的外贸出口增长点。

（三）推动制造业转型升级

我国要从制造业大国向制造业强国迈进，必须推动制造业转型升级。通过推动制造业转型升级，加快发展高端制造业，带动中低端制造业稳步发展，实现高端制造业就业的培育和中低端制造业就业的平稳调整。

一是坚持推进创新驱动发展战略。把创新摆在制造业发展全局的核心位置，完善国家制造业创新体系，依靠创新驱动推动制造业转型升级，健全以市场为导向的产业创新体系，强化企业创新主体地位，突破一批重点领域关键共性技术，促进制造业数字化网络化智能化，促进制造技术、企业管理和商业模式的多元化创新。二是积极融入全球产业分工。我国制造业要以更加积极主动的开放姿态，实行更加积极的开放战略，以开放促改革，倒逼制造业转型升级，推动重点产业国际化布局，在竞争中培育国际优势。提高制造业的国际合作水平，进一步开放一般制造业，加大先进技术设备和紧缺原材料进口，促进加工贸易向“微笑”曲线两端延伸，打造一批世界级的制造品牌，提升中国制造的国际竞争力和全球影响力。三是积极培育高端制造业。瞄准新一代信息技术、高端装备、新材料、生物医药等战略重点，引导社会各类资源集聚，推动优势和战略产业快速发展。推动传统产业向中高端迈进，逐步化解过剩产能，促进大企业与中小企业协调发展，进一步优化制造业布局。四是加快制造与服务的协同发展。推动商业模式创新和业态创新，促进生产型制造向服务型制造转变。引导和支持制造企业延伸产业和服务链条，从主要提供产品制造向提供产品和服务转变，支持有条件的企业由提供设备向提供系统集成总承包服务转变，由提供产品向提供整体解决方案转变。加快发展研发设计、技术转移、创业孵化、知识产权、科技咨询等科技服务业，发展壮大第三方物流、节能环保、检验检测认证、电子商务、服务外包、融资租赁、人力资源服务、售后服务、品牌建设等生产性服务业，提高对制造业转型升级的支撑能力。

（四）深入实施就业优先战略

全面落实积极就业政策，把稳定和扩大就业放在经济社会发展的突出位置，把促进就业作为制定、实施和调整经济社会政策的基本目标。完善财政、税收、金融等综合政策扶持体系，大力发展吸纳就业能力强的产业和企业，努力实现更加充分更高质量就业。建立完善覆盖城乡的公共就业创业服务信息网络平台，实现就业创业管理服务信息化、标准化。支持农民创业，壮大创业主体，拓展创业空间，发挥创业带动就业的倍增效应。进一步强化失业风险预防和调控，完善失业监测预警机制。

继续把高校毕业生就业放在就业工作首位，强化高校毕业生就业创业保障机制，全面实施高校毕业生就业创业引领计划，面向大学生开展全方位的就业创业服务，构建大学生就业创业服务平台，实现政府部门与各高校资源共享，优势互补，保证高校毕业生就业局势稳定。将城镇零就业家庭成员、登记失业人员、享受最低生活保障家庭的失业人员、残疾人和高校毕业生作为帮扶重点，实行实名制动态管理，提供就业援助服务。

（五）大力促进创业带动就业

充分发挥市场在资源配置中的决定性作用和更好发挥政府作用，加大简政放权力度，放宽政策、放开市场、放活主体，形成有利于创业创新的良好氛围。不断完善体制机制、健全普惠性政策措施，加强统筹协调，构建有利于大众创业、万众创新蓬勃发展的政策环境、制度环境和公共服务体系。抓住新技术革命和产业变革的重要机遇，适应创业创新主体大众化趋势，大力发展技术转移转化、科技金融、认证认可、检验检测等科技服务业。把推动大众创业、万众创新作为发展经济和拉动就业的源动力和有效载体，强化创业创新孵化平台建设，构建一批低成本、便利化、全要素、开放式的众创空间，为创业者提供经营场所和企业孵化服务，为创业者提供低成本、便利化、全要素、开放式的综合服务平台和发展空间。切实改善创业环境，构建以信用为核心的新型市场监管机制。拓宽创业融资渠道，放大财政贴息担保贷款对创业的扶持作用。

（六）推进国内产业区域梯次转移

东部地区是制造业和对外贸易的集聚区域，在经济发展促进就业方面处于领先地位，也是吸纳中西部地区转移劳动力就业的重点区域。西部地区产业集聚度不高，经济社会发展明显滞后于东部地区，对劳动力就业的吸纳能力相对较低。中西部地区与东部地区存在发展差距，既是我国区域发展不协调的主要表现，同时也为我国产业纵深发展提供大好机会，推动国内产业区域梯次转移应是我国产业政策的重要方向，也有利于促进中西部地区转移劳动力就近就地就业。

一是充分利用中西部地区仍然存在的劳动力成本优势，推动东部发达地区的部分产业向中西部地区转移，将一些劳动密集型产业和初级加工制造业在一定时期内仍然保留在国内，通过产业结构的调整带动相关产业的发展，增加中西部地区的就业机会。鼓励东部发达地区与中西部地区加强合作，形成产业链上下游之间的产业联合，实现资源互补和优势共享。东部地区在转移劳动密集型传统产业的同时，也要加快向中西部地区转移电子信息、机械、医药和汽车等高端产业。二是提高中西部地区的要素吸引力和利用效率。中西部地区要加快交通和通信等基础设施建设，加强基础教育和职业教育，强化与东部地区的交流合作，增强要素吸附和凝聚能力。三是增强中西部地区的产业承接能力。针对东部地区产业集聚出现拐点的现实，中西部地区要充分做好准备，依托地理区位和资源禀赋，加强信息沟通和产业衔接，确立具有比较优势的支柱产业和主导产业，处理好上下游产业链的协调关系，突出承接产业与原有产业之间的结构互补，提升产业承接水平。借助东部地区产业向高技术、高附加值方向转变的契机，加强区域对口协作，积极参与国际分工与竞争，在新一轮技术革命中占据一席之地。

（七）降低企业生产经营成本

生产经营成本是企业获取合理利润进而持续生存发展的关键要素，也对企业创造并提供就业岗位产生直接影响。我国企业生产经营成本总体偏高，制约着企业的可持续发展。无论从应对金融危机还是从实现经济社会协调发展的角度来说，有效降低企业生产经营成本都是实现充分就业的重要举措。通过降低企业生产经营成本，化解劳动力成本上升带来的企业成本压力，实现就业市场的稳定。

一是全面梳理分析企业生产经营成本的构成，切实开展降低实体经济企业成本行动，清理企业承担的不合理成本因素。二是转变政府职能，进一步简政放权，降低企业的制度性交易成本。全面清理涉企收费，遏制各种乱收费行为，清理不合理的前置审批成本、中介机构交易成本等。加大结构性减税力度，降低工业企业的增值税负担，减轻小微企业和个体工商户的税收负担，加快落实兼并重组企业的税收优惠政策。三是加快研究实施降低企业社保缴费比例的具体办法，重点降低养老保险缴费比例。在社会保障制度改革中，要明确制度转轨成本的承担主体和分担机制，在降低社会保险费率的同时，既不能伤害参保人的当期利益，更不能牺牲参保群体的长远利益。四是深化金融体制改革，整顿金融市场秩序，落实金融支持实体经济发展政策，扩大直接融资比重，改善企业融资环境，缓解企业融资难、融资贵问题。五是推进能源市场化改革和流通体制改革，降低企业能源成本和物流成本。

（八）培育壮大技工人力资源

适应我国产业结构升级和岗位技能变化的需要，引导企业建立和完善技工人力资源培训制度，广泛开展岗位培训和在岗技能提升培训。完善职业培训补贴政策，对经过培训考核鉴定获得一定职业资格证书的在岗职工给予培训费用补贴。大力开展高技能人才培训，加强高技能人才实训基地建设，形成政府、企业和社会相互配合的高技能人才培养网络。鼓励企业通过建立高技能人才培养企校合作制度、技师研修制度等方式，大力培养高技能人才。健全以职业能力为导向、以工作业绩为重点、注重职业道德和职业知识水平的企业技能人才评价体系，逐步建立培训考核与使用相结合、业绩贡献与待遇相联系的企业用人制度。

参考文献

[1] 段玉婉，蒋雪梅，祝坤福，陈锡康，杨翠红．出口对中国就业的影响分析——欧美日对比分析［J］. 数学的实践与认识，2012（16）.

[2] 黄波．后危机时代中国城镇长短期就业风险的度量与预测［J］. 中国人口科学，2012（5）.

[3] 李娟．全球化、劳动需求弹性与就业风险研究述评［J］. 经济学动态，2012（3）.

[4] 李永杰，张华初．国际贸易影响就业的实证分析——以广东省为例［J］. 国际经贸探索，2008（11）.

[5] 李占国，符磊，江心英．承接国际外包与国内就业——基于中国28个行业面板数据的实证研究［J］. 山西财经大学学报，2014（2）.

[6] 刘国晖．中国国际贸易对就业影响研究述评［J］. 新疆财经大学学报，2012（2）.

[7] 曲玥．产能过剩与就业风险［J］. 劳动经济研究，2014（5）.

[8] 盛斌，牛蕊．贸易、劳动力需求弹性与就业风险：中国工业的经验研究［J］. 世界经济，2009（6）.

[9] 史青，李平，宗庆庆．企业出口对劳动力就业风险影响的研究［J］. 中国工业经济，2014（7）.

[10] 史青，李平．再议中国企业出口的就业效应［J］. 财贸经济，2014（10）.

[11] 万晓宁．制造业出口贸易就业效应及其门限特征——以江苏为例［J］. 天津商业大学学报，2013（6）.

[12] 王利耀．以产业集聚促进区域协调发展［N］. 人民日报，2015－10－22.

[13] 王孝松，周嘉辰，翟光宇．"中国制造"对美国就业的拉动作用——中国制造业出口中"美国含量"的经验分析［J］. 经济理论与经济管理，2014（2）.

[14] 杨河清．劳动经济学［M］. 北京：中国人民大学出版社，2002.

[15] 尹希果，印国樱，李后建．国际贸易对就业影响研究述评［J］. 经济学动态，2009（8）.

[16] 赵婷．国际贸易与就业关系的实证研究（1978～2009）［J］. 重庆理工大学学报（社会科学版），2011（2）.

第四章

就业困难群体的失业风险

王　阳

内容提要：就业风险是就业产生损失结果的可能性（C. G. Jardine & S. E. Hrudey，1997）。就业风险包括失业、收入下降、权益损失、健康冲击和意外伤害等（赵树凯，1997）。劳动者的素质千差万别，由于年龄偏大、经验匮乏或者技能水平偏低等原因，一部分劳动者在劳动力市场竞争中处于不利的地位，面临失业或濒临失业的境地，这个群体通常被称作是就业困难群体。世界各国都有就业困难群体，但是鉴于各国经济社会发展阶段的差异，其对就业困难群体的具体界定和涉及人群的准确划分都有所不同。例如，欧洲国家一般将年轻人和长期失业者视为就业困难群体。在我国，最早将因国有企业改革而下岗失业的“40、50”人员称作是就业困难群体。[①] 随着经济发展和社会进步，我国就业群体的数量大幅增加，就业人员的构成也日益多样，与之相伴的是，“有劳动能力和就业愿望、但是实现就业有困难”的失业人员的规模逐渐扩大，失业人员的来源也趋向多元化。21 世纪以后，我国就业困难群体的范围已经扩大到了包含城镇“40、50”人员、农村向城镇转移就业的外来务工人员、高校毕业生、残疾人、退役士兵、军人随军家属等多类人群。然而，无论“就业困难群体”涉及人群的范畴如何发生改变，其最核心的含义仍然在于“失业人群”或者是“容易失业的人群”（在国外亦称作“就业脆弱群体”）。

本研究所指的就业困难群体是劳动力人口中已经失业，尤其是长期失业，并且正在寻找工作的那部分人口。按照《中华人民共和国就业促进法》第六章第五十二条的规定：就业困难人员是指因身体状况、技能水平、家庭因素、失去土地等原因难以实现就业，以及连续

① 根据《中共中央国务院关于进一步做好下岗失业人员再就业工作的通知》第十二条的规定：各级政府要把有劳动能力和就业愿望的男性50 周岁以上，女性40 周岁以上，就业困难的下岗失业人员作为再就业援助的主要对象（以下简称大龄就业困难对象），提供即时岗位援助等多种帮助。

失业一定时间仍未能实现就业的人员。在市场经济体系中，以市场为主的资源配置方式决定了劳动者本身的条件包括年龄、性别、文化程度、技能水平等，成了其是否容易变为一个失业者的重要因素（袁志刚，2014）。就业困难群体因为自身条件比一般劳动力差，很难通过竞争实现就业，故而在经济活动中承担了更大的就业风险量。劳动力需求理论揭示，经济增长是就业增长的重要原因，同时，经济运行对就业的影响又具有滞后性。“中国经济新常态体现在增长上的主要特征就是结构性减速”（李扬、张晓晶，2015），同时引发了一系列新矛盾和新挑战，比如产能过剩、债务风险增大、城镇化转型和金融乱象丛生等。就业困难群体是劳动力人口中最脆弱的人群，在经济新常态的背景下关注并研究就业困难群体的就业风险，重点是分析宏观经济运行新特征给就业困难群体实现就业构成的负面冲击，并把握经济新形势下就业困难群体失业的变化趋势，从而为实现就业比较充分、缓解长期失业问题提出政策建议。

第一节 困难群体失业的研究进展

已有研究文献在与本研究的主题密切相关的几个主题，包括经济增长与失业的关系、失业的成因、重点劳动力群体的就业风险、政府就业失业风险预警等，已经取得了诸多积极的研究进展，为下一步的研究奠定了重要的基础。鉴于已有研究的一些不足之处，本研究将重点分析宏观经济运行对就业困难群体的就业风险，尤其是失业状况的影响，并就经济新常态下就业困难群体失业的突出问题，提出政策建议。

（一）不同类型失业的研究进展

根据原因不同，失业主要有四种形式。一是摩擦性失业。例如某人本来在A地工作，出于某些原因准备前往B地发展，在刚到达B地之时，往往无法立即找到合适工作，需要经过一段时间的努力才能重新就业，在这段时间中该人即处在摩擦性失业状态；二是结构性失业。例如一批人原来从事A行业工作，后来由于技术进步，A行业被B行业所取代，这时劳动力市场虽然对B行业有很高需求，但原来从事A行业的人无法很快转型，于是处于失业状态，这种劳动力市场上供需结构的不匹配，被称为结构性失业；三是周期性失业。这种事业是由经济衰退或经济周期造成的，当一个经济体处于衰退期之时，总需求必然会下降，对于很多企业而言产品的需求降低就必然要降低产量，而这也意味着企业对生产要素的需求会降低，解雇员工在所难免；四是隐性失业。这种失业主要表现为一个人虽然表面上并没有离职，与雇佣单位仍然存在劳务关系，但实际上对工作而言没有任何贡献，其在工作岗位上存在与否，对企业的产出没有任何影响。对于以上失业类型的研究，我国学者将更多的注意力放在了结构性失业与隐性失业之上。

1. 结构性失业

国外研究来看，英国经济学家约翰·希克斯（John Hicks）提出了部门结构性失业理论，该理论认为无论任何地区或时期，非自愿失业的情况是普遍存在的，劳动力市场供给与行业需求之间的不匹配会导致结构性失业，而解决这一问题的一个重要途径是降低行业、部门间的劳动力交流成本（John Hicks，1978）。美国经济学家约翰·加尔布雷思（John Galbraith）根据企业规模的不同对企业进行了二分法，通过这种二元结构分析法对结构性失业问题展开了研究，研究结论显示，造成结构性失业的一个重要原因是制度结构的不合理，因此解决结构性失业要从经济的结构改革做起（John Galbraith，1984）。不同行业、部门所造成的结构性失业之间本身也存在着相互的影响，有时会相互抵消，有时则会相互加强，因此对于结构性失业问题的治理在措施上应更加具体、更加精细，要站在宏观角度考察各政策之间的协调性问题，如果缺乏统筹考虑，仅从某一个部门或行业出发解决结构性失业问题，很有可能适得其反，结构性失业问题反而会得到加剧（Herz，2011）。鉴于结构性失业的一个重要表现形式是劳动力市场上需求方的职位空缺与供给方的失业者并存，也有学者通过工作搜寻理论解释了劳动力市场上的冲突，为解决结构性失业政策的制定提供了一定理论启示（Peter Diamond，Christopher Pissarides & Dale Mortensen，2006）。

与国外学者相比，我国学者对结构性失业问题的研究起步较晚，重要原因是这一问题在20世纪90年代后才开始凸显，因此之前并没有引起过的重视。伴随着社会主义市场经济体制在我国的实行，我国的经济体制、产业结构也在不断调整，在这种体制不断转变和产业不断转移的趋势下，我国很多地区都出现了结构性失业，具体表现形式为劳动力市场上供给方失业与需求方职位空缺并存（李梦花、聂思玥，2011）。众多学者从理论或现实两方面出发，展开了关于结构性失业的表现形式、成因及对策等方面的研究。

有研究指出结构性失业，是指由于经济体制改革、产业结构调增、增长方式转变等原因，使劳动力供给结构与需求结构不一致而导致的失业，供给结构主要包括技能、经验、主观意愿、地区等方面（严燕飞，2003）。结构性失业的原因，如果从劳动经济学的角度分析，主要包括产业结构调整、所有制结构调整、劳动力供需不平衡等（胡鞍钢，1998），影响因素主要包括一个国家或地区的所有制结构、产业结构、劳动力素质、制度特点等（谌新民，1999）。

经过多年的积累与碰撞，我国学者在结构性失业问题的成因方面已基本达成共识，人力资源在部门、地区间无法合理有序流动所导致的劳动力需求结构和供给结构不匹配被认为是主要原因，而影响供需双方匹配度的因素又可以分成两类，需求层面的因素主要分为经济增长方式转变、产业结构调整、技术水平进步等（凌培亮、吴少红，1995）；供给层面的因素主要包括人力资源结构刚性、地域结构的限制等，其中农村务工人员大规模向城市流动是造成城镇结构性失业的一个重要原因（李建德，1995；康就升，2003）。此外，还有学者从教育、体制转型、劳动力转移等方面分析了结构性失业产生的机理，提出不断提高教育水平，通过二次培训等方式提升劳动者素质是解决结构性失业问题的一条重要路径（杨亮、白清平，2006）。

通过分析引发失业的理论原因、现实原因，计算劳动力供给与需求之间的差额、求职者与空缺岗位数的关系计算出具体数字，指出结构性失业是我国失业问题最主要的类型（熊斌，2001）。对策方面，具体有完善生产要素市场、实施积极的宏观经济政策以及人力投资政策、进行社会保障制度建设等。（徐海，1999）认为要制定合理的产业发展对策，引导产业根据我国劳动力结构实际状况发展，不能一味追求技术水平高端的产业，而要认清我国劳动力普遍素质较低无法满足高技术水平产业劳动力需求结构的现实，要做大做强劳动密集型产业，为第三产业的腾飞打好坚实基础；建设较为完善的生产要素配置市场，打破城乡二元结构对劳动力要素流动的体制性障碍。郑程（2011）提出教育—就业结构与就业—产业结构“双联动”的概念，认为信息传递的时滞性导致产业结构与就业结构之间的不匹配，建议建设完善的信息传递机制来解决这种时滞性问题。杨宜勇（2001）提出发展小企业是解决中国失业问题的关键。

我国学者取得的这些研究成果，其中最重要的是剖析了影响劳动力要素流动的障碍因素，特别是制度障碍及素质障碍因素。与此同时，学者们提出的一些对策建议，尤其是人力投资政策和社会保障制度建设，都对深入认识及妥善治理我国的结构性失业问题具有极强的现实指导意义。

2. 隐性失业

隐性失业又称为潜在失业或在职失业，是相对公开失业而言的，表现的是劳动者与生产要素结合的一种状态，即生产过程中生产资料与劳动力的构成失衡，劳动力供给超过了由生产技术条件所决定的生产资料对劳动力的需求，而出现的低效用或负效用现象。从形式上，隐性失业者并没有失业，因为他们仍然与生产资料保持形式上的结合。但隐性失业实际又是一种失业，因为劳动者处于无工可做或其生产能力并未能充分发挥，劳动力资源没有得到充分利用。隐性失业公开化就是将隐性失业逐步转变为公开失业的过程。其实质是将隐性失业推向社会而成为政府可有效调控的公开失业（隗斌贤，2001；孟宪生、关凤利，2005）。目前在我国，隐性失业人口分为城镇职工、农村剩余劳动力和大学毕业生三类（于建嵘，2016）。

就城镇职工而言，主要是源于一些国有企业体制、结构及管理原因，从而牺牲了效率，成为隐性失业人口（朱宝树，2001）。隐性失业对国有企业的效率构成严重的负面影响，而这种负面影响通过影响国有企业的市场竞争力进一步削弱国有企业劳动力的边际产出水平（袁志刚、黄立明，2002）。对国有企业隐性失业率的估算方法主要有两种，一是基于对企业的有效工时调查，二是基于对经营者的问卷调查（夏杰长，2000）。关于我国国有企业隐性失业规模的估计存在一定的差异，大部分专家认为国有企业的隐性失业率在20%～30%，据此推算的隐性失业者在2000万人左右（王诚，2000；刘助光，1996；孙立，2005）。实现国有企业隐性失业显性化改革，完善社会保障体系，深化国企改革，合理排放冗员，对于解决隐性失业和再就业问题很有必要（夏杰长，2000；曾咏梅，2003）。

就农村剩余劳动力而言，二元经济中农村存在隐性失业（龚东华，2008）。从原因来看，主要包括累积性劳动力剩余引致的失业；替代性劳动力剩余引致的失业；波动性劳动力剩余引致的失业；地域性劳动力剩余引致的失业及结构性劳动力剩余引致的失业（吴宏洛，2004；霍燕，2008）。农村隐性失业人口过多直接影响了农民人均收入的提高，进而影响了农民生活水平的提高，降低了农业的比较利益，影响了农业发展的后劲，阻碍了整个国民经济的发展（张木亮、赛晓序，2007）。就解决政策而言，一是政府应以政策导向促使生产资源流向农村，推动农村本身的发展；二是加快城镇化进程，大力发展乡镇经济，扩大其吸纳农村剩余劳动力的能力；三是积极发展农村教育事业，改善农村人力资本（侯鸿翔、王媛、樊茂勇，2000；莫长松，2005）。

就高效毕业生而言，调查显示，应届毕业生毕业一年内的隐性失业率接近一成（于建嵘，2016）。毕业生的隐性失业可以从两个方面分析：一方面，二元劳动力市场、就业市场不完善，院校专业结构畸形现象严重等社会原因，导致大量人才资源的浪费和短缺；另一方面，隐性失业人口的产生来源于毕业生自我认知偏差导致的对工作的不认可（邹菊萍，2014；王子蕲，2013）。大部分学者认为，解决高校毕业生隐性失业问题，应采取加强就业培训、完善失业救助、推进创业教育等措施，从政府宏观调控、政策引导和高校毕业生自我心理调适等方面入手（谭永生，2012；周姝彤，2012）。

（二）我国困难群体失业的研究进展

对“困难人员就业”的研究最早可追溯到20世纪90年代。张研和张翼（1997）的文章指出，他们文化水平低，专业素质不高，跨行业流动能力差，下岗失业和上岗就业的周期不会太短。同时，该文还建议，在思考这个群体的就业出路时，不能仅从其个人方面来寻求苟且谋生之路，而应结合国家、企业、社会和个人四个方面去探索解决就业难题的办法。21世纪以来，特别是2006年以后，以“困难人员就业”为主题的研究文献不断涌现，截至2015年12月，通过中国知网数据库检索到的相关文献数量已经超过941篇。

对“就业风险”的研究最早可追溯到20世纪80年代。黎玉柱（1986）指出，失业风险最大的群体是非熟练劳动力，这部分人员已经大量过剩，且随着产业结构和技术结构的调整，其过剩程度还会进一步提高。同时，该文还认为，应将宏观经济管理由直接控制转为间接控制，那么劳动力市场的开放就不必然会带来国家对劳动就业管理的全面失控，带来大量的特别是长期的失业。21世纪以来、特别是2002年以后，以“就业风险”为主题的研究文献卷帙浩繁，截至2015年12月，通过中国知网数据库检索到相关文献数量已经超过7761篇。

围绕研究的需要，本研究重点从以下两个主题综述已有研究文献的主要观点。

1. 经济增长与失业之间的关系

从理论上看，经济增长与失业的关系集中体现在奥肯定律和菲利普斯曲线上。主要观点有：第一，经济增长与失业率之间存在显著的负相关关系（魏瑾瑞，2012）。第二，经济增长与失业率之间不存在显著的负相关关系（方福前、孙永君，2010；蔡昉，2013）。第三，产出波动和失业率变化之间存在负相关，并且这种关系具有不对称效应，即相对于经济扩张时期，经济不景气时期的失业受到产出波动的影响更大（李国民、饶晓辉，2013）。第四，经济增长和失业率之间存在显著的非线性关系，失业率对经济增长的动态影响过程分三个经济区制，即当失业率水平低于充分就业时的失业率水平（如2.2%）时，经济增长与失业率呈显著的正相关关系；当失业率水平高于充分就业时的失业率水平、但低于一个临界失业率水平（如4.2%）时，经济增长与失业率呈显著的负相关关系；当失业率水平超过临界失业率水平时，经济增长与失业率不存在显著的相关关系（任栋、李萍、孙亚超，2014）。

2. 劳动力群体就业风险的成因

按照风险的来源划分，劳动力群体就业风险的形成主要归结为两类原因，一类是外因，包括各种外部条件，比如经济、社会、文化、自然环境及就业体制制度、用工管理、工作场所等；另一类是内因，包括各种内在条件，比如人口统计学特征、人力资本、心理素质、社会关系等（程明望、潘烜，2010；铁明太，2011；王利清，2011；陆绍凯，2011；谌新民，2012；辛宇，2014；韩雪、张广胜，2014，2015）。

已有研究从经济学、管理学、社会学、人口学、法学、心理学等多个学科入手，比较深入地分析了经济增长与失业的关系、失业的成因、重点劳动力群体的就业风险、政府就业失业风险预警等，为下一步研究宏观经济运行对就业困难群体就业风险，尤其是失业的影响奠定了基础。一方面，经济增长是宏观经济运行状况的一项重要指标，在研究经济新常态下劳动者就业风险变化时，必须考察经济增长与劳动者就业风险的关系；另一方面，劳动力群体就业风险的形成原因是多方面的，即使是“失业”一项风险，也有摩擦性失业、结构性失业和周期性失业等三种解释。因此，研究特定劳动力群体的就业风险，既需要剖析有显著影响的外部条件的作用，尤其是与岗位破坏联系紧密的宏观经济因素的作用，又要结合劳动力自身内在条件的作用，尤其是与人力资本联系紧密的教育（知识）、培训（技能）乃至年龄等的影响。

（三）本研究的逻辑框架

综上可见，已有研究为后续研究提供了有益的铺垫。然而，已有研究也存在一些不足之处。例如，缺乏探讨宏观经济状况对劳动者就业风险的影响，尤其是针对经济新常态，分析宏观经济运行新特征给劳动者就业带来的影响。又如，缺乏探讨就业困难群体的人口学特征及人群结构，尤其是从宏观和总体的层面，分析这个群体包含的人群以及在年龄、学历等方面的特点和变化趋势。再如，缺乏探讨就业困难群体就业风险的演变，尤其是在当前的经济形势下，聚焦就业困难群体就业面临的问题及失业的变化趋势。有鉴于此，本研究拟弥补上述的空白。

本研究的对象是就业困难群体的就业风险，并以失业的风险为重点。研究的时间范围是从 1988 年至今，并以 2013 年及之后年份为重点。研究的目的是解决经济新常态下就业困难群体实现就业面临的突出矛盾和问题。本研究的框架如下：第一部分综述已有研究的进展，并说明本研究的设计；第二部分定量测算宏观经济运行对就业困难群体失业的影响；第三部分剖析就业困难群体的人口学特征和人群结构，并预测该群体规模的趋势；第四部分研判经济新常态下就业困难群体失业的突出表现；第五部分提出政策建议。

本研究的基本思路是，在评述已有研究进展的基础上，以最大的就业风险——失业为重点，首先探索宏观经济运行状况与就业困难群体失业的相关关系。其次，探究就业困难群体的人口学特征和内部人群构成，估测各类人群总规模的变动情况。再次，针对“经济新常态”在宏观经济运行的显著表现，研判就业困难群体失业的主要趋势。最后，提出经济新常态下我国就业工作的目标和措施建议。

总体上看，本研究属于经验研究，使用的研究方法以定性方法为主，以定量方法为辅。具体的研究方法有历史分析方法、多元回归分析方法、向量交叉分析方法、趋势外推分析方法和比较分析方法等。本研究的创新点主要有三个：一是丰富和发展风险理论。将就业风险纳入风险理论框架中，对就业风险产生和变化的原因，依据风险理论加以认识和解释。二是使用定量研究方法分析就业风险（失业的风险）有关问题，使用多元回归方法探索就业风险（失业的风险）产生原因，使用向量交叉分析方法和趋势外推分析方法分析就业风险（失业的风险）变化情况。三是拓宽就业风险研究视角，通过宏观研究视野分析中观和微观的就业风险（失业的风险）问题。在关注重点就业群体（就业困难群体）、最大就业风险（失业）的基础上，着力研判宏观经济运行对该群体就业风险的影响及其变化。

第二节　宏观经济运行对就业困难群体失业的影响

（一）理论分析和研究假设

失业是就业产生损失结果中最为不利的一面（陈仲常，1998）。失业率的高低在一定程度上反映了劳动者就业风险的大小。失业率偏高，表明就业难度较大，就业风险高；反之亦然，失业率较低，表明就业难度较小，就业风险低。在我国就业失业统计管理中，主要采用城镇登记失业率指标。尽管该指标同实际失业率存在偏差，但从数据的统计范围和统计方法上看，却能够反映城镇就业困难群体的失业状况。根据《中华人民共和国就业促进法》《就业服务与就业管理规定》等规定，劳动者初次进入人力资源市场或就业、失业状态发生变化时，应当履行就业失业登记手续。就业登记和失业登记既是反映劳动者就业失业状态的手段，也是政府促进就业的主要依据。就业困难群体相比一般劳动者实现就业的难度大，更需要得到政府的扶持，是进行失业登记意愿较高的人群。因此，使用城镇登记失业率作为反映就业困难群体就业风险的参考指标，观测该群体在一定时期和特定条件下实现就业的困难程度，具有较高的信度和效度。

为了探索就业困难群体失业与宏观经济运行的相关关系，根据宏观经济理论及失业理论，以城镇登记失业率作为就业困难群体失业的工具变量，构建城镇登记失业率与主要宏观经济变量相关关系的多元回归模型。

第一，根据奥肯定律，探索失业率与产出变化之间的关联性，解释实际经济增长率的短期变动与失业率变动的关系。经济增长率指标使用实际国内生产总值的增长率。奥肯定律指出，在经济周期之中，失业率与产出之间存在反向变动的关系。在经济周期的衰退阶段，行业和地区的劳动力需求下降，出现周期性失业。相对于潜在 GDP，GDP 每下降 2 个百分点，失业率就会上升约 1 个百分点（P. A. Samuelson & W. D. Nordhaus，2011）。就业困难群体失业主要表现为结构性失业，是劳动力的供给和需求不匹配所导致，因此，提出研究假设 1。

研究假设 1：就业困难群体的失业率与实际经济增长速度没有显著的相关关系。

第二，根据菲利普斯曲线理论，探索失业率与工资变化之间的关联性，解释货币工资增长率的短期变动与失业率变动的关系。货币工资指标使用城镇单位就业人员平均工资。菲利普斯曲线理论指出，较高的通货膨胀率与较低的失业率相联系，而较低的通货膨胀率与较高的失业率相联系。菲利普斯曲线考察的失业率和通货膨胀之间存在此消彼长的交替关系，在实际统计资料中，通货膨胀使用名义工资增长率（刘金全等，2006）。高通货膨胀伴随经济扩张，投资形势良好，工作机会较多；反之亦然，通货紧缩或通货膨胀水平降低伴随经济增长势头缓慢，投资减少，资本和劳动都呈现高度失业状态。就业困难群体在经济增长缓慢的时期因就业机会少，更难以实现就业，因此，提出研究假设 2。

研究假设 2：就业困难群体的失业率与货币工资增长率存在显著的负相关关系。

按照菲利普斯曲线理论对稳定价格和治理失业的分析，如果价格水平下降导致出现通货紧缩，政府会通过改变财政政策和货币政策，提高潜在产出增长率，避免经济周期中最坏的失业状况（P. A. Samuelson & W. D. Nordhaus，2011）。基于前述假设，进一步检验失业率与宏观经济两大政策工具变化之间的负相关关系。财政政策指标使用一般公共财政支出；货币政策指标使用一年期贷款利率。菲利普斯曲线理论指出，政府扩大支出规模，能提高经济的总体支出水平，不管是短期还是长期，对降低失业率都有显著的影响；此外，政府还可以通过一些金融变量如利率、汇率等，调节价格水平，抑制经济衰退和失业。因此，提出研究推论 1 和研究推论 2。

研究推论 1：就业困难群体的失业率与一般公共财政支出增长率存在显著的负相关关系。

研究推论 2：就业困难群体的失业率与一年期贷款利率存在显著的正相关关系。

第三，根据古典失业理论，探索失业率与就业人口教育程度构成、劳动生产率等变化之间的关联性，分别解释就业人口受教育程度变动与失业率变动的关系，及劳动生产率变动与失业率变动的关系。就业人口教育程度指标使用就业人员平均受教育年限；劳动生产率指标使用全要素生产率。古典失业理论指出，结构性失业可能来自两方面的原因：一是就业人口的构成不合理，包括性别、年龄、劳动技能和教育程度等的构成；二是劳动力的供给质量不符合劳动力需求所要求的质量。就业困难群体存在的一个主要原因是劳动技能和教育程度与岗位要求不匹配（杨河请，2006）；同时，对于因经济增长而出现的岗位空缺，这类人群也因为劳动技能和教育程度的问题，而难以填补空缺（袁志刚，2014）。随着技术进步和产业结构更新换代，对非技能劳动者、教育程度和文化水平低的初次就业者的需求降低，他们面临的失业危机加大，因此，提出研究假设 3 和研究假设 4。

研究假设 3：就业困难群体的失业率与就业人口平均受教育年限存在显著的负相关关系。

研究假设 4：就业困难群体的失业率与全要素生产率存在显著的正相关关系。

按照古典失业理论对治理失业的分析，如果失业者能够得到充分培训，就可以迅速填补岗位空缺（袁志刚，2014）。因此，基于前述两个假设，进一步检验失业率与技能培训投资变化之间的相关关系。技能培训投资指标使用就业训练人数。提出研究推论 3。

研究推论 3：就业困难群体的失业率与就业训练人数增长率存在显著的负相关关系。

第四，根据凯恩斯失业理论，探索失业率与整个经济中有效需求变化之间的关联性，分别解释消费需求、投资需求和出口需求的短期变动与失业率变动的关系。消费需求指标使用社会消费品零售总额；投资需求指标使用全社会固定资产投资；出口需求指标使用出口总额。凯恩斯失业理论指出，失业归咎于有效需求不足。在非瓦尔拉均衡市场的情况下，行为人面对不同的数量约束会修正原来的需求和供给，并且这种数量约束对他在其他市场的需求还有“溢出效应”。企业在商品市场受到数量约束，并反过来使其在劳动力市场上的有效需求降低，导致劳动力市场的失业（袁志刚，2014）。困难群体的失业源于劳动力市场存在超额供给，劳动的交易数量由劳动需求一方（企业）决定，而企业的劳动需求只限于为实现市场需求决定的产量，因此，提出研究假设5、研究假设6和研究假设7。

研究假设5：就业困难群体的失业率与消费需求存在显著的负相关关系。

研究假设6：就业困难群体的失业率与投资需求存在显著的负相关关系。

研究假设7：就业困难群体的失业率与出口需求存在显著的负相关关系。

（二）指标说明和数据描述

依据前述研究假设，以城镇登记失业率（*ur*）作为被解释变量，以实际经济增长速度（即当年名义国内生产总值增长率，*gdpg*）、平均工资水平（ln*wage*）、公共财政支出水平（ln*exp*）、一年期贷款利率（*rl*1）、平均受教育年限（*eduy*）、全要素生产率（*tfp*）、就业训练人数（ln*tra*）、社会消费品零售总额（ln*c*）、全社会固定资产投资（ln*i*）、出口总额（ln*x*）作为解释变量。选择1988~2013年，我国除港、澳、台之外的内地31个省（区、市）。数据来源于《新中国六十年统计资料汇编》，及历年《中国劳动统计年鉴》《中国统计年鉴》等公开出版物。平均受教育年限根据1982年、1990年、2000年、2010年的人口普查数据采用插值方法得到。1991年的就业训练人数根据1990年、1992年《中国劳动统计年鉴》的对应数据采用插值法方法得到。本研究主要变量的名称、定义及描述性统计如表4－1所示。

表4－1　主要变量名称及描述性统计（*N*＝31，1988~2013年，*NT*＝806）

变量名称	变量定义	均值	标准差	中位数	最大值	最小值
ur	城镇登记失业率	3.29	1.07	3.40	7.70	0.30
gdpg	国内生产总值增长率	16.81	8.00	15.80	53.44	-9.26
ln*wage*	平均工资的对数	9.00	0.44	9.06	10.31	7.73
ln*exp*	公共财政支出的对数	6.16	1.20	6.02	8.93	3.42
*rl*1	一年期贷款利率	7.60	2.17	6.60	11.52	5.31
eduy	平均受教育年限	7.25	1.57	7.45	11.62	1.29
tfp	全要素生产率	0.98	0.07	0.97	1.20	0.72
ln*tra*	就业训练人数的对数	10.97	2.77	11.64	14.24	0.07

续表

变量名称	变量定义	均值	标准差	中位数	最大值	最小值
ln$c$	社会消费品零售总额的对数	6.86	1.26	6.91	9.89	3.32
ln$i$	全社会固定资产投资的对数	6.91	1.44	6.86	10.15	2.49
ln$x$	出口总额的对数	5.45	1.90	5.23	10.32	-1.46

资料来源：笔者整理。

（三）计量模型和回归结果

将全部变量纳入计量模型中，构建失业率与主要宏观经济变量相关关系的多元回归模型（4-1）如下：

$$ur_{it} = \alpha + \beta gdpg_{it} + \gamma \ln wage_{it} + \delta \ln exp_{it} + \varepsilon rl1_{it} + \epsilon eduy_{it} + \zeta tfp_{it} + \eta tra + \theta \ln c_{it} + \vartheta \ln i_{it} + \iota x_{it} + \pi_{it} \quad (4-1)$$

$$i = 1, 2, 3, \cdots, 31; \ t = 1988, 1989, 1990, \cdots, 2013$$

其中，α 为常数项，β、γ、δ、ε、ϵ、ζ、η、θ、ϑ、ι 为系数，π 为随机误差项。

考虑到样本容量等问题，本研究使用省级面板数据进行分析。第一步，对样本面板数据做基本的整理，将平均工资水平、公共财政支出、社会消费品零售总额、全社会固定资产投资和出口总额等折算为2000年的可比价格。第二步，计算平均工资水平、公共财政支出、就业训练人数、社会消费品零售总额、全社会固定资产投资和出口总额的对数。第三步，计算全要素生产率。采用DEAP 2.1软件测算各省各年的全要素生产率，具体过程不做详细解释。资本存量是用于测算全要素生产率的关键指标，其计算方法如下：首先采用固定资产投资价格指数把各年的固定资产投资折算为2000年的可比价格，然后把1952年的固定资产投资乘以10作为各省（区、市）的初始资本存量，最后根据5%的折旧率计算各省（区、市）各年的资本存量。1949～2008年各省（区、市）各年的固定资产投资和固定资产投资价格指数来自《新中国六十年统计资料汇编》，其中缺失的数据根据张军等（2004）提供的数据进行补充，2009～2013年各省（区、市）各年的固定资产投资和固定资产投资价格数据来自历年的《中国统计年鉴》。第四步，以基本计量模型（1）为依据，绘制多变量散点图，观察城镇登记失业率与国内生产总值增长率、平均工资水平、公共财政支出、一年期贷款利率、平均受教育年限、全要素生产率、就业训练人数、社会消费品零售总额、固定资产投资和出口总额的相关性（如图4-1所示），发现各变量的点值分布比较均匀和有规律。第五步，进行回归分析。

在模型选择上，由于各单位经济变量之间存在很明显的空间关联性，并且如果采样单位过多会导致数据缺乏随机性，因此，比较适合使用固定面板（Fabio Cannavaro，2009）。同时，为保证计量的精确度，在做面板数据估计之前，方程对空间单位进行了横截面方差加权（冯文权，2013）。全部操作使用 Stata11 软件完成，包括对模型（4－1）相关参数的估计和检验，固定面板（FE）和随机面板（RE）的回归结果如表 4－2 所示，同时汇报了 Hausman 检验值。

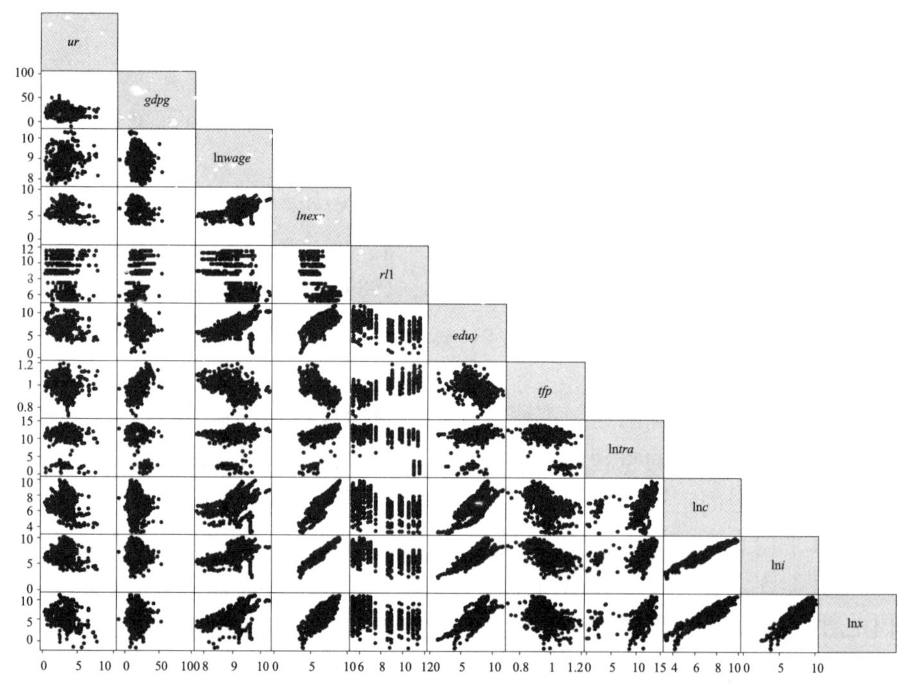

图 4－1　计量模型各变量之间的相关性

资料来源：根据本研究使用的数据绘制得到。

表 4－2　　宏观经济运行对困难群体失业影响的省级面板检测

解释变量	被解释变量（模型选择）			
	ur（FE）		*ur*（RE）	
	系数	*t* 值	系数	*t* 值
gdpg	－0.004	－0.78	－0.006	－1.06
ln*wage*	0.829***	5.51	0.897***	6.36
ln*exp*	－0.707***	－4.50	－0.287***	－2.15
*rl*1	－0.084***	－3.60	－0.090***	－3.91

续表

解释变量	被解释变量（模型选择）			
	ur（FE）		*ur*（RE）	
	系数	*t* 值	系数	*t* 值
eduy	-0.253**	-2.54	-0.187**	-2.36
tfp	0.629	0.70	0.653	0.73
ln*tra*	0.003	0.23	-0.003	-0.20
ln*c*	-1.410***	-5.56	-0.461**	-2.39
ln*i*	-0.304*	-1.94	-0.171	-1.12
ln*x*	-0.160**	-2.27	-0.061	-0.90
region_2	—	—	0.899***	3.24
region_3	—	—	1.529***	4.98
常数项	-7.443***	-4.69	-6.209***	-3.96
Hausman	—	—	0.000	—
检验 *p* 值	—	—	—	—
观测值	776	—	776	—
组数	31	—	31	—
R^2	0.27	—	—	—
Adjusted - R^2	0.23	—	—	—

注：*、**、*** 分别代表 10%、5% 和 1% 的显著性水平。
资料来源：笔者整理。

从 *Hausman* 随机性检验 *p* 值的结果看，非常适合采用固定面板估计，所有固定面板估计参数都优于随机面板估计。因此，下文围绕宏观经济运行状况指标，包括经济增长率、平均工资、公共财政支出、一年期贷款利率、平均受教育年限、全要素生产率、就业训练人数、社会消费品零售总额、全社会固定资产投资和出口总额十个因素，对就业困难群体失业影响的经济分析，将不再汇报随机面板的估计结果。

根据表 2 的回归结果显示，研究假设 1、3、5、6、7 和推论 1 得到验证，而研究假设 2、4 和推论 2、3 未得到验证。

第一，对就业困难群体失业存在显著影响的因素有七个，包括平均工资、公共财政支出、一年期贷款利率、平均受教育年限、社会消费品零售总额、全社会固定资产投资和出口总额，而经济增长率、全要素生产率和就业训练人数三个因素对该群体失业不存在显著的影响。由此可见，平均工资、公共财政支出、一年期贷款利率、平均受教育年限、社会消费品零售总额、全社会固定资产投资和出口总额的变动，必然会给就业困难群体实现就业造成冲击，是与该群体就业风险关联性较强的因素；但是，经济增长率、全要素生产率和就业训练人数的变动，却并不一定导致就业困难群体失业，是与该群体就业风险关联性较弱的因素。

第二，存在显著影响的因素对就业困难群体实现就业造成的冲击方向不同。七个因素的回归系数符号显示出了差异，其中，平均工资一项的回归系数为正值，公共财政支出、一年期贷款利率、平均受教育年限、社会消费品零售总额、全社会固定资产投资和出口总额六项的回归系数为负值。由此可见，当平均工资水平提高时，就业困难群体的失业率上升；当财政支出增大、一年期贷款利率提高、平均受教育年限增加、消费量增加、投资规模扩大、出口总额增长时，就业困难群体的失业率下降。

第三，就业困难群体的就业风险变化，乃至失业发生，是多项因素共同作用的结果。以回归方程为依据，以 2014 年我国城镇登记失业率 4.09% 和登记失业人数 952 万人为基数，在其他因素不变的情况下，当平均工资增长 1%，就业困难群体失业率提高 0.03 个百分点，达到 4.12%，失业人数增加 6.98 万人，达到 958.98 万人。当公共财政支出增长 1%，就业困难群体失业率降低 0.03 个百分点，达到 4.06%，失业人数减少 6.74 万人，达到 945.25 万人。当一年期贷款利率提高 0.1 个百分点，就业困难群体失业率降低 0.03 个百分点，达到 4.06%，失业人数减少 8.00 万人，达到 944.00 万人。当平均受教育年限增加 1 年，就业困难群体失业率降低 1.03 个百分点，达到 3.06%，失业人数减少 240.86 万人，达到 711.14 万人。当消费增长 1%，就业困难群体失业率降低 0.06 个百分点，达到 4.03%，失业人数减少 13.42 万人，达到 938.58 万人。当投资增长 1%，就业困难群体失业率降低 0.012 个百分点，达到 4.078%，失业人数减少 2.89 万人，达到 949.11 万人。当出口增长 1%，就业困难群体失业率降低 0.006 个百分点，达到 4.08%，失业人数减少 1.52 万人，达到 950.48 万人。

综上所述，回归结果反映了宏观经济运行状况对就业困难群体失业的影响方向和作用强度。研究发现，就业困难群体失业率与平均工资增长存在显著正相关关系，与财政支出增长、一年期贷款利率、平均受教育年限、消费增长、投资增长和出口增长存在显著负相关关系，与经济增长率、全要素生产率和就业训练人数增长不存在显著相关关系。当平均工资增长时，将导致就业困难群体失业，但当财政支出增长、一年期贷款利率上调、平均受教育年限增加、消费增长、投资增长或出口增长时，则又将有利于就业困难群体实现就业。

第三节　就业困难群体的主要构成及规模预测

从宏观经济管理角度看，就业困难群体是失业率较高及很难就业的群体。

世界各国普遍重视对就业困难群体的识别，并据此出台了有针对性的就业扶持政策。进入21世纪以来，我国就业困难群体的规模和结构都发生了比较明显的改变，尤其是农民工群体的转移就业问题受到了密切的关注。就业困难群体的范围已经从传统的“40、50”人员，扩大到了包含下岗职工和农民工群体（曾湘泉、李丽林，2003）。近年来，高校大学毕业生的就业问题日益凸显，刚毕业的大学生也逐渐被人们视为就业困难群体中的一部分。基于此，本研究利用全国第五、第六次人口普查数据，对就业困难群体的特点和构成做了比较性分析，其中，重点探讨上述三类困难群体（即“40、50”人员、大学生和农民工）的失业趋势，并预测就业困难群体的规模变化。

（一）青年劳动力和“40、50”人员是就业困难群体的主体

第五、第六次人口普查数据都显示，青年人的失业率比较高；同时，比较两次人口普查数据表明，“40、50”人员的就业形势趋向严峻。描绘各年龄的劳动力人口的失业率变化趋势，如图4－2所示，劳动力人口的失业率按照其年龄的递增而呈现递减的趋势，年龄越低的劳动力，其失业率较高，反之亦然，年龄越高的劳动力，其失业率越低。2010年，16岁劳动力人口的失业率高达9.14%，而64岁劳动力人口的失业率则只有0.69%，前者比后者高出8.45个百分点。可见，青年劳动力的失业问题最严重，是最大的就业困难群体。

进一步比较第五、第六次人口普查的失业数据发现，与2000年的情况，46岁及以上劳动力人口的失业率普遍有所上升，并且劳动力人口的年龄越高，其失业率的增幅越大。总体看，57岁劳动力的失业率攀升幅度最大，2010年其失业率为1.38%，比2010年的失业率增加0.81个百分点。与大龄劳动力人口失业率的变化趋势相反，年龄较低劳动力2010年的失业率较之2000年的情况整体都有所下降，青年人失业问题出现好转迹象，并且年龄越低劳动力人口的失业率降幅越大。总体看，16岁劳动力的失业率降低幅度最大，2010年其失业率为9.14%，比2010年的失业率减少4.18个百分点。

由此可见，我国经济社会发展的新形势，显现出了对劳动力需求年轻化的倾向。相比大龄劳动者，中青年劳动者更能适应生产技术革新带来的新挑战和新要求，也能够通过更高效的劳动生产活动，抓住全球化、区域合作及产业调整升级带来的新机遇和新任务。从失业人口按年龄划分的规模变化情况看，如图4－3所示，相比2000年，2010年38岁及以上劳动力人口所占比重整体都有所提高。2010年，以40岁为节点进行测算，40岁以上失业人口占全部失业人口比重达到了31.14%，超过2000年19.44%的水平，增幅接近12个百分点。这就意味着，随着经济发展，“40、50”人员的就业形势将会越来越严峻。

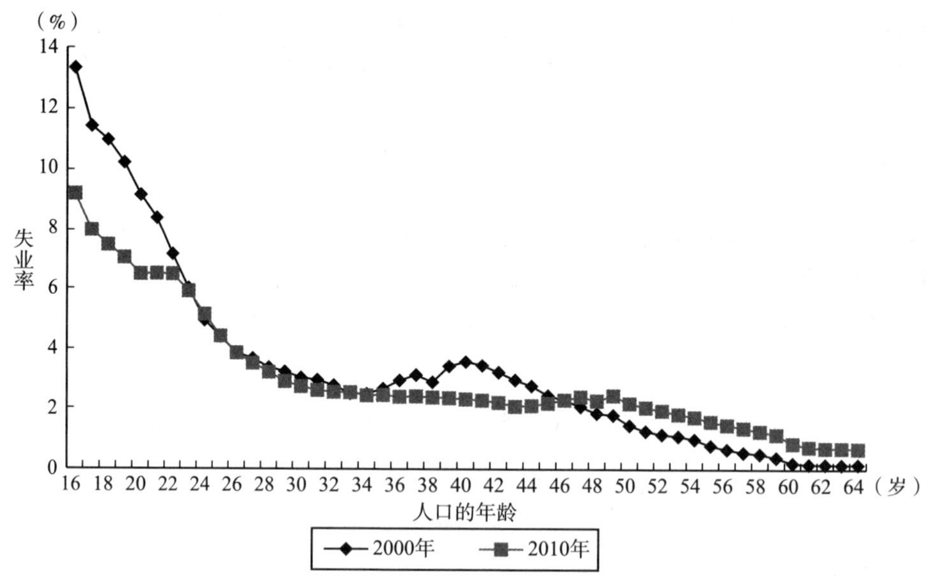

图 4-2　2000 年、2010 年我国分年龄人口的失业率分布

资料来源：笔者根据全国第五、六次人口普查资料计算。全国第五、六次人口普查资料来自国家统计局网站（http：//data. stats. gov. cn/）。

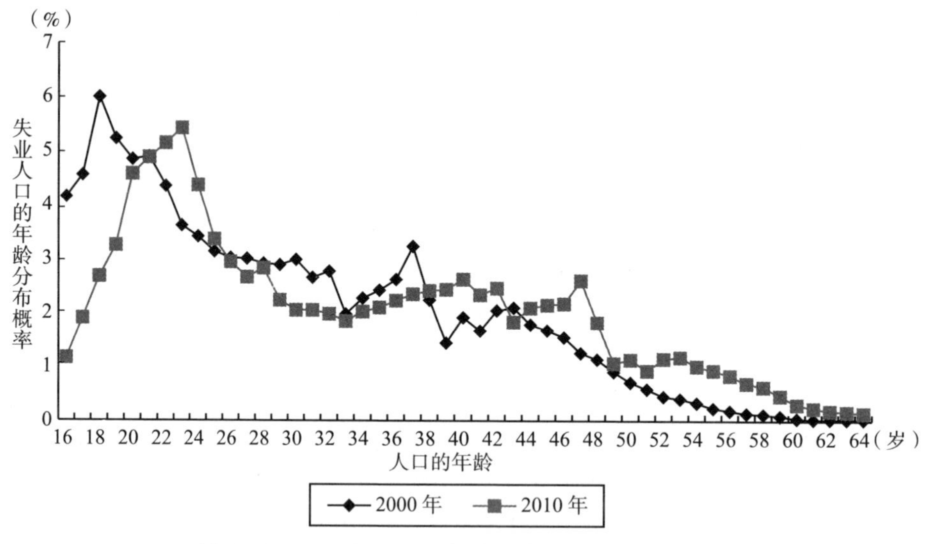

图 4-3　2000 年、2010 年我国失业人口的年龄分布

资料来源：笔者根据全国第五、六次人口普查资料计算。全国第五、六次人口普查资料来自国家统计局网站（http：//data. stats. gov. cn/）。

（二）刚毕业大学生和农村外出务工人员是典型的就业困难人员

自我国1999年实施大学扩招政策以后，大学毕业生就业难的现象日益普遍，大学生就业成为一个突出的问题。利用人口普查数据测算失业人口的学历分布情况，如表4－3所示，初中学历失业人口的比重最高，2000年该学历失业人口占全部失业人口的50.67%，到2010年下降至44.03%；高中学历的失业人口占比次之，2000年比重为27.91%，到2010年则上升至28.22%。相比之下，大学及以上学历（包括大专教育）的失业人口的比重低于初中和高中学历失业人口的比重，但是，与2000年情况对比，2010年的比重有较大幅度提高，其中，大学专科学历失业人口比重从2000年的4.15%，上升到2010年的12.17%，十年间提高了8.02个百分点；大学本科学历失业人口比重从2000年的0.80%，上升到2010年的5.24%，提高了4.44个百分点；与前两者相比，研究生学历的失业人口比重最小，2010年只有0.29%，但是十年间这一比重也上升了0.26个百分点。综合而言，从各学历失业人口的分布情况看，尽管大学及以上学历失业人口的比重并非是最高的，2010年合计达到17.7%，但是其显现出来的上升趋势值得关注和重视。

表4－3　　2000年、2010年我国失业人口的学历分布　　单位：%

年份	未上过学	小学	初中	高中	大学专科	大学本科	研究生
2000	0.55	9.15	**<u>50.67</u>**	27.91	4.15	0.80	0.03
2010	0.92	9.14	**<u>44.03</u>**	28.22	12.17	5.24	0.29

注：加粗并添加下划线的数据表示，该数值是对应年度失业人口分布最集中和人数最多的学历。

资料来源：笔者根据全国第五、六次人口普查资料计算。全国第五、六次人口普查资料来自国家统计局网站（http：//data. stats. gov. cn/）。

实际上，大学生就业难的真实含义是指刚毕业大学生首次就业困难。从受教育程度、未工作原因的失业人口分布情况看（如表4－4所示），“毕业后未工作”是全部失业人口最集中和主要的未工作原因，2010年有24.03%的失业人口属于“毕业即失业”。具体到大学及以上学历失业人口，同样显示出“毕业后未工作”是这类人群最大的未工作原因，尤其是大学本科学历的失业人口，有超过半数的人员属于“毕业即失业”，其次是大学专科学历，该类人员占比也接近一半。

表 4－4　　2010 年我国受教育程度的失业人员未工作原因分布　　单位：%

受教育程度	毕业后未工作	因单位原因失去工作	因本人原因失去工作	承包土地被征用	离退休	料理家务	其他
未上过学	2.19	5.21	8.44	9.97	2.89	**46.34**	24.96
小学	4.87	9.59	13.71	10.53	2.55	**32.52**	26.24
初中	16.50	18.67	15.77	5.24	1.25	19.35	**23.22**
高中	26.36	**26.47**	15.07	1.90	1.34	10.45	18.41
大学专科	**48.56**	15.45	14.20	0.50	0.85	5.72	14.72
大学本科	**53.86**	10.94	16.36	0.28	0.51	3.70	14.34
研究生	**45.69**	9.45	21.96	0.25	0.33	3.90	18.43
总计	**24.03**	19.09	15.18	3.97	1.32	15.77	20.64

注：数据表示该受教育程度的失业人员因对应的原因而未工作的占比，各行横向加总之和是 100。加粗并添加下划线的数据表示，该未工作原因是这一受教育程度失业人员分布最集中和选择最多的未工作理由。

资料来源：笔者根据全国第六次人口普查资料计算。全国第六次人口普查资料来自国家统计局网站（http：//data. stats. gov. cn/）。

为进一步分析大学生群体“首次就业困难”的状况，考察失业人口中毕业未找到工作人员的学历分布情况（如图 4－4 所示），2010 年大学专科、大学本科和研究生毕业未找到工作人员占全部毕业未找到工作人员的比重分别为 24.59%、11.74%和 0.55%，合计达到 36.88%，占全部失业人员的比重为 8.86%。如果不考虑往年累积下来的人数，那么每 11 个失业人员中就有 1 个刚毕业的大学生，由此可见，大学毕业生“首次就业困难”的问题是比较严重的。根据教育部门的统计，近几年每年都有约 25%的毕业生在离校之前找不到合适工作，特别是新办本科院校、独立学院、民办院校的毕业生找工作更难，法律、教育、历史、财会、管理等文科专业毕业生的就业率比全国平均水平要低近 10 个百分点（刘燕斌，2015）。随着高校毕业生数量的继续上涨，大学生“毕业即失业”的问题会更加突出。

除了刚毕业的大学生，农村外出务工人员也是一个典型的就业困难群体。由于农村外出务工人员的流动性很大，目前对其失业规模的统计还比较困难，因此综合利用现有研究文献的主要结论进行粗略的估测。考虑到所引用结论的可信度问题，相关研究文献的数据来源仍然是全国人口普查数据资料。根据第六次人口普查 1%样本估算，农村外出务工人员的总体失业率为 2.56%（蔡昉、张车伟，2015）。尽管相对城镇本地劳动力的失业率而言，这一失业率水平并

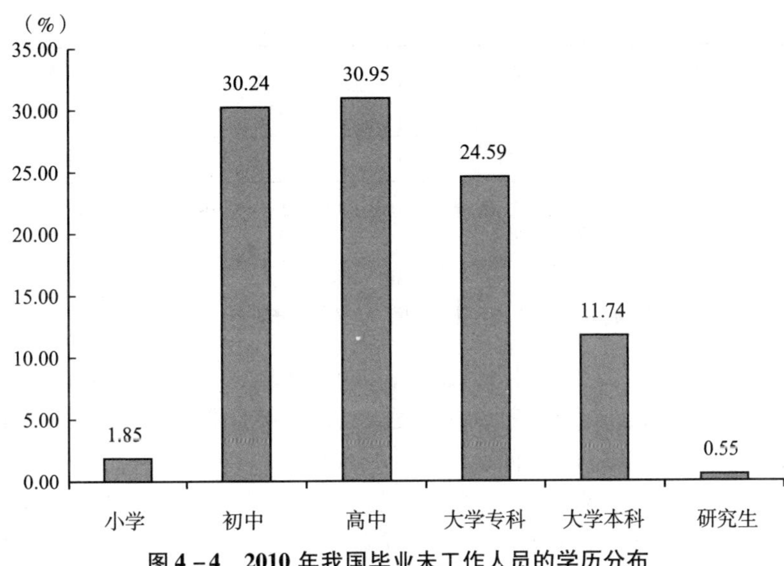

图 4－4　2010 年我国毕业未工作人员的学历分布

资料来源：笔者根据全国第六次人口普查资料计算。全国第六次人口普查资料来自国家统计局网站（http：//data. stats. gov. cn/）。

不高，但是进一步按年龄段分析该群体的失业率（如表 4－5 所示），就会发现 16～20 岁和 21～25 岁的农村外出务工青年农民工的失业率高于其他年龄组，表明青年农民工就业符合劳动力市场上青年劳动力人口失业率偏高的特点。根据 2010 年全国农民工监测报告显示，外出农民工总量为 1. 53 亿人，按此规模乘以 2. 56% 的农民工失业率，可以得到失业农民工规模为 392. 6 万人，占城镇总失业人口的 17. 2% 。

表 4－5　2010 年我国分年龄组、性别的迁移农民工失业率　单位：%

年龄组（岁）	失业率	男性失业率	女性失业率
16～20	7. 68	7. 53	7. 85
21～25	6. 05	5. 79	6. 35
26～30	3. 47	3. 06	3. 94
31～35	2. 51	2. 12	2. 96
36～40	2. 45	1. 99	2. 99
41～45	2. 17	1. 85	2. 54
46～50	2. 28	2. 12	2. 49
51～55	1. 87	2. 19	1. 40

续表

年龄组（岁）	失业率	男性失业率	女性失业率
56～60	1.35	1.67	0.86
61～64	0.73	0.81	0.62

资料来源：国务院人口普查办公室．发展中的中国人口问题——2010 年全国人口普查研究课题论文集［C］．北京：中国统计出版社，2014.

（三）城镇失业人员中的就业困难群体预测

经济新常态下，受各种因素的影响，“40、50”人员、刚毕业大学生和农村外出务工的青年农民工充分就业的难度最大，是就业困难群体中的三类重点群体，涉及三类重点群体的就业问题应给予更多的关注和更大力度的解决方案。

按照前述对三类失业人口的测算，以现有城镇劳动力供求缺口的估计，进一步预测三类失业人口的规模和结构。依据队列要素法得到 2014～2030 年新增劳动力供给规模（如表 4－6），设定 40 岁以上失业人口占全部失业人口比重是 31.14%，大学生失业人口占全部失业人口比重是 17.7%，农村外出务工人员失业者占全部失业人口比重是 17.2%，同时假定三个比重在 2014～2030 年保持不变，那么到 2020 年，40 岁以上失业人员、大学生失业人员和农村外出务工人员失业者的规模将分别达到 801 万人、455 万人和 442 万人；到 2025 年，40 岁以上失业人员、大学生失业人员和农村外出务工人员失业者的规模将分别达到 706 万人、401 万人和 390 万人；到 2030 年，40 岁以上失业人员、大学生失业人员和农村外出务工人员失业者的规模将分别达到 632 万人、359 万人和 349 万人。

表 4－6　2013～2030 年我国城镇失业人员推算　单位：万人

年份	新增就业岗位	城镇就业人员	城镇失业人员	城镇经济活动人口	城镇失业率（%）
2013	1649	38240	2323	40563	5.73
2014	1588	39828	2425	42253	5.74
2015	1561	41389	2438	43827	5.56
2016	1557	42946	2477	45423	5.45
2017	1551	44497	2502	46998	5.32
2018	1543	46040	2502	48542	5.15
2019	1534	47574	2539	50114	5.07
2020	1524	49098	2572	51670	4.98

续表

年份	新增就业岗位	城镇就业人员	城镇失业人员	城镇经济活动人口	城镇失业率（%）
2021	1521	50619	2555	53175	4.81
2022	1516	52136	2499	54634	4.57
2023	1511	53647	2441	56088	4.35
2024	1505	55152	2383	57535	4.14
2025	1498	56650	2266	58916	3.85
2026	1457	58107	2171	60277	3.60
2027	1456	59563	2083	61645	3.38
2028	1454	61017	2015	63032	3.20
2029	1452	62469	1955	64423	3.03
2030	1480	63948	1895	65844	2.88

资料来源：张车伟，蔡翼飞．中国劳动供求预测与缺口分析［A］．蔡昉，张车伟．中国人口与劳动问题报告．16——“十二五”回顾与“十三五”展望［C］．北京：社会科学文献出版社，2015：120－149.

第四节 经济新常态下就业困难群体失业的趋势研判

就业困难群体之所以存在，一方面是失业的出现，随着生产力高度发展，生产过程中对劳动力的需求不断降低；另一方面是市场经济这一资源配置方式的要求。在经济不断发展、技术不断进步的当今时代，就业者本身的条件包括年龄、性别、文化程度、技能水平等，都成了其是否容易变为一个失业者的重要因素。为此，当宏观经济运行进入新常态，受外部环境冲击与内在个体条件的制约，就业困难群体的就业风险将显著加大。从整体看，就业困难群体失业的风险加剧，寻找工作的周期延长，使得长期失业问题加重，同时，科技创新和产业升级使就业挤出效应持续放大，竞争力较弱的就业困难群体实现就业的难度加大。从就业工作看，与错综复杂的就业形势相对，现行就业政策效率不高，难以适应新常态下“就业比较充分”的总目标（新华社，2015）。

（一）经济增长动力转换，近期内加重长期失业

经济运行对就业的影响具有滞后性。尽管在本研究第二部分的回归分析中，并未发现经济增长速度与就业困难群体失业之间存在显著的相关关系，但是随着经济增速放缓，就业压力已逐步显现。20 世纪 80 年代经济增速较高，

登记失业率为2%左右。90年代初国家出台政策抑制经济过热，失业率水平有所提高。1997年启动国有企业改革，下岗职工增加，显著增加了失业率。如图4-5所示，2002年以来，经济增速进一步加快，同时失业率不断走低。然而受到金融危机的影响，2009年登记失业率达到4.3%。随着我国推出经济刺激计划，金融危机后，失业率有所下降。虽然2009年以来，经济增速下滑，但失业率一直保持在4.1%。从总体来看，在高速增长的时期，失业率与经济增速存在一定负相关关系，但在大多数时期，尤其是经济增速放缓的时期，如2008年及以后，两者之间的相关关系并不明显。

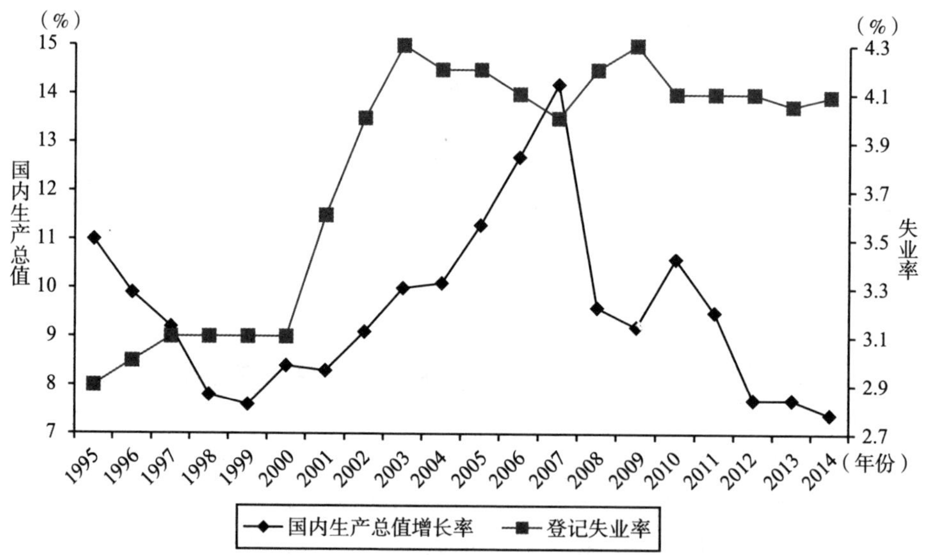

图4-5 1995年以来我国经济增长率与城镇登记失业率关系趋势

资料来源：中华人民共和国国家统计局．中国统计年鉴（2015年）[M]．北京：中国统计出版社，2015.

经济转型使我国更加注重经济质量而非增长速度。经济进入新常态，表面上看是经济增速放缓，实际上是经济增长动力结构的调整，意味着经济增长从依靠投资向依靠投资、消费、出口并重转变。2008年以后，我国出口增速不断下滑，政府提出了“保增长，扩内需”的政策，期望通过扩大消费带动经济增长和增加就业。然而，消费一直未能取得实质性提升。近年来，固定资产投资增速出现了较大幅度的下滑。2015年1～11月固定资产投资同比增长10.2%，与1～10月增幅持平，但与2014年同期相比却放缓了5.6个百分点。

经济增长动力结构变化，那么，由经济增长带动就业增长，就意味着促进就业的增长动力从投资为主向投资、消费和出口多元并重转变。比较投资、消费和出口增长对城镇就业增长的影响发现，投资增长对就业增长的贡献最大，消费次之，但消费增长的就业效应最持久，其在三年内缓慢上升，又在三年后缓慢下降；投资次之，其对就业的带动作用仅在当期最强，随后两年内迅速衰减为零（王阳，2015）。在当前及今后一段时期，我国都将处在经济增速转换、经济增长动力结构不断调整的阶段，考虑到上述消费、投资和出口的就业效应的差异性，认为在短期阶段，劳动力需求将受到经济增长动力转换的影响，出现劳动力供需负缺口，就业困难群体因寻找工作的周期延长，而更易遭遇长期失业挑战。但是，从长期看，在收入增长缓慢的背景下，受益于反腐败、事业单位养老金改革和规范财政支出等政策，消费将保持平稳增长，有利于缓解长期失业、稳定就业。以 1988 ~ 2013 年为区间，分别考察各省（区、市）长期失业人数变化与消费变化、投资变化的关系（如图 4 - 6 和图 4 - 7 所示），发现长期失业人数变化无论与消费变化、还是投资变化都存在显著的负相关关系。具体而言，消费增长，投资增长，都会带来长期失业人数的下降；反之亦然，消费下降，投资下降，都造成长期失业人数的增长。

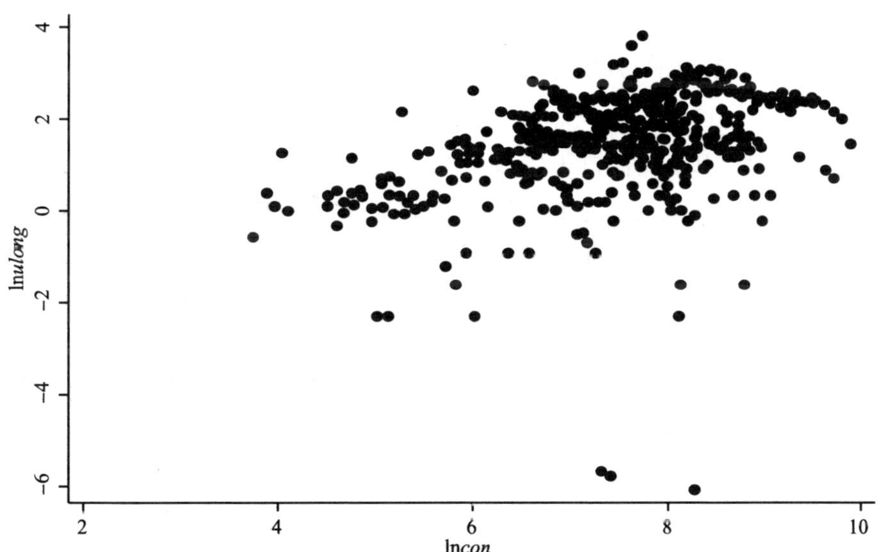

图 4 - 6 1988 ~ 2013 年我国各省（区、市）长期失业人数变化与消费变化的关系

注：纵轴 ln*ulong* 表示长期失业人数的对数，横轴 ln*con* 表示社会消费品零售总额的对数。样本量 456 个，相关系数是 - 0.763，显著性水平达到 1%。

资料来源：笔者整理。

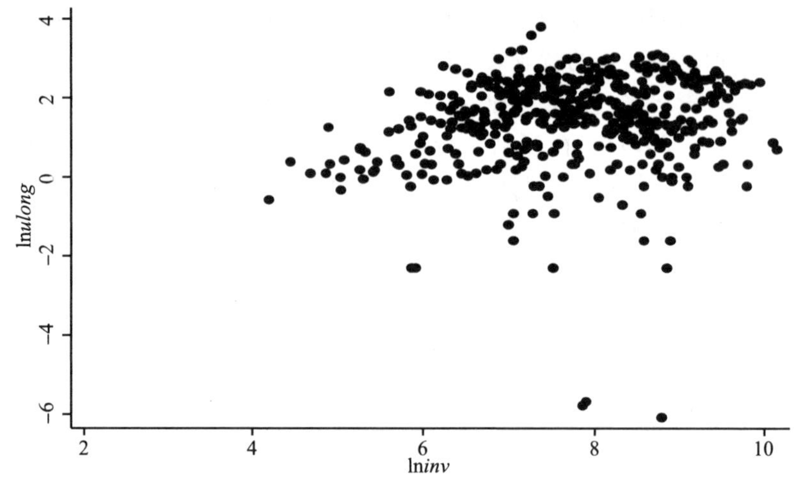

图4-7　1988~2013年我国各省（区、市）长期失业人数变化与投资变化的关系

注：纵轴 ln*ulong* 表示长期失业人数的对数，横轴 ln*inv* 表示全社会固定资产投资的对数。样本量456个，相关系数是-0.482，显著性水平达到1%。

资料来源：笔者整理。

（二）经济增长方式转变，失业转就业难度加大

2008年金融危机以来，全球经济面临增长方式转变、需求放缓、产业结构升级和区域结构调整的巨大压力。增长方式的转变意味着要素投入的改变，以资本、技术和管理创新为主的新经济增长方式，必然对就业增长的结构和速度产生一定影响。伴随产业结构、城乡结构和地区结构等的深刻变化，要求人力资源和知识资源也能够像资本和货物那样，在全球范围内流动和配置，从而使生产能力和创新能力在全球范围内重新组合和优化配置。

在我国，经济新常态不仅意味着经济增长速度由高速降至中高速，还意味着对创新、协调、绿色、开放和共享的追求，是一种经济增长方式的革新。在“十三五”乃至更长一段时期，通过制度设计和政策安排，将上述发展理念和发展战略转化为发展行动，将是我国最紧要和最迫切的任务。高技术含量的就业岗位将增加劳动者寻找就业岗位或者进行职业转换的难度，那些被新的发明和管理所排斥的人员必须更新知识和技能，否则就会面临失业的结果。落后产能的淘汰过程将不可避免地对就业产生冲击，带来劳动力的结构性失业。2009年，我国对钢铁、水泥、平板玻璃、煤化工等13个行业的产能调整，就涉及225万人。据估计，整个“十二五”期间，对过剩产能的调整将影响1200万人（中国人民大学经济研究所，2014）。

同时，产业升级、更高水平技术的引入，也在产生技术替代劳动的就业毁

灭效应。由于资本集约的速度远远高于就业增长的速度，这就使得第二产业的转型升级，对其吸纳就业的能力造成了负面冲击，导致就业容量下降（刘燕斌，2015）。在本研究第二部分的回归分析中，已经发现失业率与受教育年限存在显著的负相关关系，学历较高的就业困难群体的失业率较低，反之亦然，学历较低的就业困难群体的失业率较高。2013 年，我国规模以上工业企业的资产总值比十年前的 2004 年增加了 63.5 万亿元，增长 294%；同期，城镇单位就业人数增加了 7010 万人，增长 63.1%。2014 年第二产业的就业弹性呈现负数。人力资源和社会保障部失业动态监测显示，近两年来，制造业企业用工规模一直在持续小幅流失，国家统计局发布的 PMI 指数中从业人员指数始终在荣枯线以下。

就业困难群体是进行失业登记的主要群体。需求疲软造成企业扩大生产的意愿下降，进而压缩人力资源计划，降低用人需求，尤其是对教育程度较低和非技能劳动者的需求大大下降，增加了就业困难群体实现就业的难度。宏观经济状况对就业困难群体能否尽快实现从失业转就业起到了重要的作用。以 1988 ~ 2013 年为区间，考察各省（区、市）“本年失业人员就业人数”变化与经济增长变化的关系，如图 4 - 8 所示，发现就业困难群体能否在失业当年实现从失业转就业与经济增长状况存在显著的正相关关系。具体而言，经济增长速度快，则有更多的就业困难人员能在当年实现再就业；反之亦然，经济增长速度放缓，则能够在当年实现再就业的就业困难人员较少。失业时间拉长，使就业困难群体成为长期失业者的可能性加大。

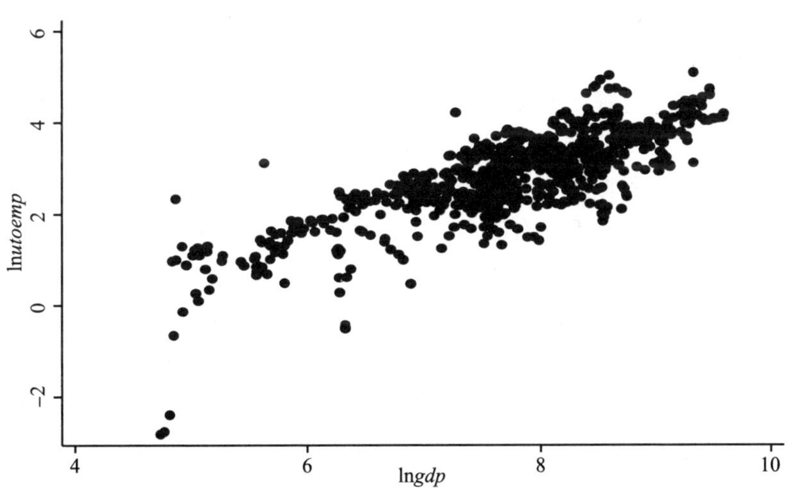

图 4 - 8　1988 ~ 2013 年我国各省（区、市）失业转就业人数变化与经济增长变化的关系

注：纵轴 ln*utoemp* 表示本年失业人员就业人数的对数，横轴 ln*gdp* 表示国内生产总值的对数。样本量 781 个，相关系数是 1.011，显著性水平达到 1%。

资料来源：笔者整理。

（三）经济结构调整优化，就业转换激励效率低

“新常态”意味着经济增长质量和效率的双提升。当前，我国正从工业大国向服务业强国转型，以第三产业衡量的服务业占 GDP 比重在 2013 年已经超过第二产业，达到 46.1%。随着收入和资本存量的增长，我国将从投资和出口主导型向消费主导型经济过渡，这必将明显提升对服务业，尤其是商贸物流、互联网金融等生产性服务业的需求。产业结构正在孕育新的突破，第三产业的比重将继续提高，服务业增加值速度快于工业。据国家统计局发布的数据显示，2015 年，第三产业增加值占国内生产总值的比重为 50.5%，比上年提高 2.4 个百分点，高于第二产业 10.0 个百分点。

在产业转型升级和结构深度调整优化过程中，必然会带来劳动力在产业间的转移及对低技能劳动力产生排挤，从而加剧就业困难群体失业的风险。例如，餐饮业作为第三产业中的传统产业具有劳动密集型特征，对劳动力具有很大的吸纳能力。据测算，餐饮业每年至少新增岗位 160 万个，吸纳就业潜力较大（中国人民大学经济研究所，2014）。另外，随着住宿餐饮业发展而带来的对农产品的新需求及农业产业结构调整等因素作用，还将带来更多的就业岗位。虽然餐饮服务技术含量低，产品附加值不高，在经济社会中的贡献无法与高新技术等产业相比，但却具有劳动密集型的优势，是安置就业的重要渠道。一般的餐饮服务不需要太高的技能，不需要太多的投资，入门费比较低，投入少、就业多，特别适宜城镇下岗再就业人员和农村转移就业人员等就业困难群体，这对于解决我国当前日益突出的就业矛盾和“三农问题”具有重要的现实意义。然而，随着餐饮消费的增速回落，餐饮就业需求也受到了影响。据中国人力资源市场信息监测中心的调查显示，2010 年第 1 季度之后，住宿和餐饮业用人需求比重不断下滑，住宿和餐饮业提供的岗位数量比重走低。而同期，建筑业用人需求比重虽有波动，但总体上呈上升趋势。

扶持就业困难群体就业历来是我国就业工作的重点之一，但成效比较有限，究其原因，除了就业困难群体自身条件缺乏竞争力以外，还在于政策和制度设计上缺乏对微观主体的激励机制，困难人员、企业等微观主体缺少主观动力去实施“就业”。例如，高校毕业生就业难和大龄低技能劳动者就业难等。从这个意义上说，经济结构调整优化推动了就业重构，而就业重构的过程是有成本的，需要更高质量、高效率的就业工作，为微观主体提供服务，激发其就业积极性。政府在公共服务上的投入以及就业工作对就业困难群体能否尽快实现从失业转就业起到了重要的作用。以 1988～2013 年为区间，分别考察各省（区、市）“本年失业人员就业人数”变化与公共服务财政投入、就业训练人

数变化的关系，如图4－9和图4－10所示，发现就业困难群体能否在失业当年实现从失业转就业与公共服务财政投入和就业训练人数规模都存在显著的

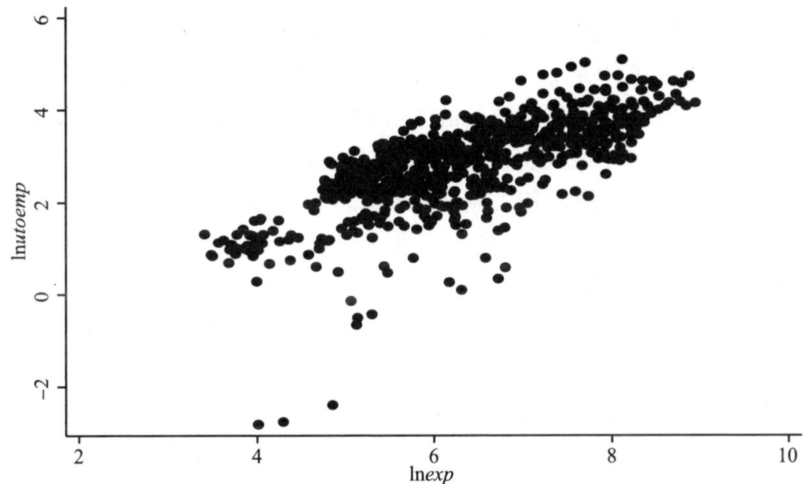

图4－9　1988～2013年我国各省（区、市）失业转就业人数变化与公共服务财政支出变化的关系

注：纵轴ln*utoemp*表示本年失业人员就业人数的对数，横轴ln*exp*表示就业训练人数的对数。样本量781个，相关系数是0.387，显著性水平达到1%。

资料来源：笔者整理。

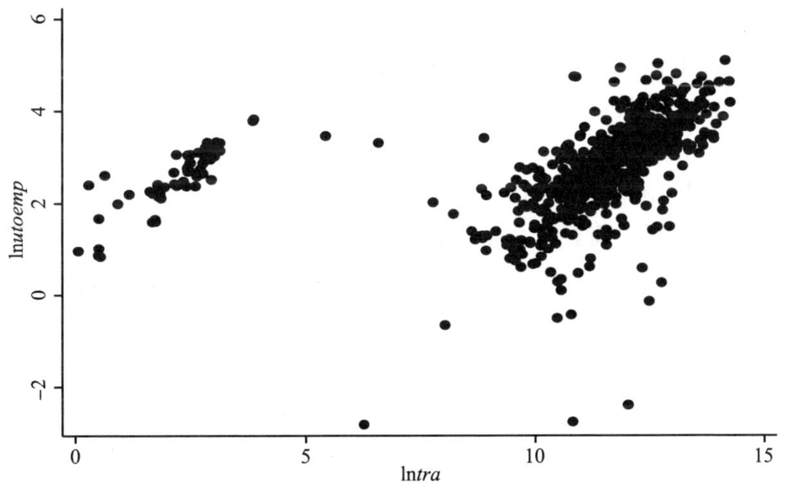

图4－10　1988～2013年我国各省（区、市）失业转就业人数变化与就业训练人数变化的关系

注：纵轴ln*utoemp*表示本年失业人员就业人数的对数，横轴ln*tra*表示就业训练人数的对数。样本量781个，相关系数是0.063，显著性水平达到1%。

资料来源：笔者整理。

正相关关系。具体而言，公共服务投入增长快，就业训练人数增加多，则有更多的就业困难人员能在当年实现再就业；反之亦然，公共服务投入增长慢，就业训练人数增加少，则能够在当年实现再就业的就业困难人员较少，失业时间拉长。

然而，尽管目前我国促进就业政策已经形成比较完整的体系，表现为以国家层面促进就业政策体系为主体、以省（区、市）级及以下促进就业优惠政策为重要补充，但是由于各项政策的组合效应发挥不足，同时加上政策手段单一，管理方式滞后，导致就业政策激励就业困难人员就业的效率不高。结合近期在北京市石景山区开展的相关调研，发现就业政策存在以下三个主要问题。

一是现行就业政策（其中绝大多数是北京市现行政策）存在“三类分割”，使政策合力难以形成。①城乡分割。当前北京市户籍的农村劳动力无法获得全面的政策帮扶，只能享受鼓励单位招用、职业培训、职业介绍和小额担保贷款等少数就业扶持政策。②群体分割。就业困难群体[①]、大学毕业生、复退转业军人、随军家属、残疾人、刑满释放和社区矫正人员等均有就业扶持政策，既各自独立又相互交叉，政策覆盖群体、享受范围和帮扶力度各不相同；同时，由于政策资金来源多样，监管体系缺乏共享机制，容易产生同类政策重复享受的问题。③区域分割。石景山区就业扶持政策仍以“具有本区户口”作为享受待遇的必要条件，在当今人户分离日趋增多、区域功能定位差异明显、促进就业的资金和岗位资源分布不均的情况下，既不利于调动全市力量，整合各地资源，也不方便城乡劳动者获得同等的就业帮扶。

二是绝大部分政策是财税政策，采取直接补贴资金的方式，难免成为部分就业困难人员的逐利目标，容易产生资金风险，较难保证促进就业功效。而与市场机制相适应的就业服务、金融、财税、经济等政策在支持项目、覆盖范围和帮扶力度上相对不足，使经济增长带来的就业机会较难转化为促进稳定就业的有力支撑。据调查，石景山区享受灵活就业社会补贴的人数虽然很多，但部分就业困难人员只是将其作为延续社会保险缴费的手段而并未真正就业。

三是政策管理手段滞后，影响用人单位和个人享受政策的积极性。一方面，就业和社会保障相关信息的共享程度低，政策申请审批多依靠登记和证明材料，程序复杂，审批困难，周期较长，不少用人单位因为手续流程繁琐而不愿意申请。另一方面，多年以来延续下来的政策文件缺乏整体梳理，项目繁多，范围不一，有的先后矛盾，用人单位和就业困难人员都感到“了解难、掌握难、使用难”。

---

① 窄口径的就业困难人员，即由住所地街道、乡镇公共就业服务机构进行失业登记或者转移就业登记，并完成资格审查认定。按照《北京市就业援助规定》要求，成为符合法定条件的“就业困难人员”，则依法享有公共就业服务机构提供的就业援助。

第五节　政策建议

在全面深化经济体制改革、实施创新驱动发展战略、推进经济结构战略性调整、推动城乡发展一体化的发展背景下，做好新时期的就业工作，应将“促进就业困难群体就业比较充分”作为一项重要目标，加强困难人员就业工作，综合施策，近期重点疏通劳动力市场信息和增加就业岗位，中长期重点改革职业教育培训体制，建立国家教育培训制度，加大并优化人力资本投资。

（一）大力推动服务业发展，增加低端劳动力就业岗位

深入研究国内外经济发展与扩大就业的渠道和办法，评估经济发展对增加就业岗位，特别是对解决低端劳动力就业问题的影响。提高服务业促进低端劳动力就业效应，运用积极的产业政策，支持批发零售、交通运输等传统服务业的发展。加强对全国及各地区就业形势的研判，通过信息系统建设和统计制度完善，开展重大政策和重大项目工程带动就业效果的监测和评估，跟踪重点就业群体，尤其是长期失业人员的就业意愿和就业问题。

创新服务业发展模式和业态，大力发展电子商务、金融租赁、咨询服务、创意设计、节能环保、现代物流等生产性服务业，扩大消费领域，满足居民消费的多元化、多层次需求，发展各种旅游休闲、家庭服务、健康养老、社会工作、文体娱乐等生活性服务业，提高服务业就业比重。

（二）实施有利于就业结构优化的财政金融政策

实施灵活稳健的货币政策，将总量调控与结构性调控相结合，综合运用数量型和价格型两类调控方式。在经济下滑压力增大的情况下，货币政策向中性略松方向微调，适当降低利率，增加货币供给，具体措施包括调整存贷比，降低存款准备金1%或1.5%等。通过各种定向措施如再贷款、定向降准，将基础货币注入与资金流向更为紧密地挂钩，以提升对经济发展中的重点和薄弱环节的金融支持。

实施更加积极有效的财政政策，提高资金使用效率；适度赤字规模和债务规模适度扩大，承担逆周期调控的责任。优化支出结构，促进经济转型，做到财政统筹、稳定规模与调整结构并重，包括统筹预算，建立公共资源的统配模式；稳定税负、定向减税和调整支出结构，向科技创新和民生领域倾斜。全面落实企业研发费用加计扣除等普惠性措施；完善设备加速折旧等政策，推动企业加快技术改造；进一步给小微企业减轻税负。

（三）建立城乡统一的就业创业扶持政策

根据用人单位招用、自谋职业、灵活就业和社会公益性组织招用等实现就业的不同特点，调整对应政策的扶持对象。一是扩大单位招用和自谋职业政策的帮扶范围，重点解决青年失业问题。二是适当缩减灵活就业政策的帮扶范围，在确保年龄偏大、生活困难和身体残疾人员帮扶力度不减的前提下，引导年龄较小、竞争能力较强的人员选择并实现正规就业。三是拓宽社会公益性组织岗位安置途径，开辟公益性岗位灵活就业渠道，提供社会保险补贴，着力解决城乡就业特困群体的就业问题。

顺应人口流动趋势，在推动以常住地为依托的就业失业管理制度的前提下，将省、市两级就业扶持政策实施范围逐步由户籍地调整为常住地。省级应统一研究制定特殊支持政策，对充分利用促进就业资源有效解决其他地区就业困难的区县，给予一定的补助。不断扩大就业失业管理制度覆盖范围，将需要政策扶持的不同特殊群体纳入统一的管理体制，建立科学的就业困难认定标准，给予特殊群体有针对性的就业帮扶。

（四）加大职业教育培训力度，优化人力资本投资

低技能劳动者一般签订的是临时合同，当受到经济危机和不确定性因素的影响，往往首当其冲，面临失业风险。要提高困难人员再就业及降低他们今后的失业风险，依赖于职业培训。职业培训在当代发达国家就业制度体系中占据重要位置，除了财政性支持之外，西方国家已建立起较为成熟而规范的再就业介绍、培训、咨询机构等网络，对于疏通劳动需求信息、开展培训、失业人员再就业发挥了重要作用。例如，意大利的职业服务机构就有2000多家，从事就业服务活动的工作人员有190万人；在美国，从联邦政府到各州都建立了完整的再就业培训体系，仅美国政府拨款资助的再就业培训计划每年可使100万人左右的失业者得到培训，其中70%的失业者在接受培训后找到了新工作。

当前我国培训机构不健全，财政支持力度较小，政府应当投入更多人力、物力、财力加大培训力度。一方面，根据就业形势变化，及时完善职业培训政策，进一步发挥就业政策的引导作用、表彰奖励政策的激励作用、技能鉴定的促进作用，提升职业培训的针对性和有效性，吸引各类劳动者参加培训、支持各类培训机构开展培训。另一方面，加大各部门的职业培训政策和补贴资金的整合力度，增强资金使用效率，充分发挥企业职工教育经费的作用，吸引社会力量加大投入。此外，还要创新技能人才培养模式，深化校企合作，努力满足劳动者提升职业能力的差异化需求，畅通技能劳动者职业发展通道，逐步构建

起劳动者终身职业培训体系。

同时，大力改革职业教育体制，从普及强化基础教育、发展壮大职业教育、改革完善高等教育等多方面着手，建立国家教育培训制度。基础教育阶段，要注重增强学生的创新精神和实践能力，培养学生热爱劳动、尊重劳动的美德。要大力发展职业教育，改变重学历教育、轻职业教育的传统观念和做法，以培养实用技术技能人才、提高就业能力为导向，切实加强产教融合和校企合作。要深化高等教育体制机制改革，赋予高校办学自主权，允许其根据市场发展需求，灵活调整专业设置和培养模式，并切实提高教育质量。要调整教育结构，加大高等职业院校比例，打通普通高校、高职院校之间相对封闭的教学体制，实行学分转换，加强贯通与衔接，拓宽终身学习通道。

（五）加强就业服务能力建设，做好就业援助工作

加大托底安置就业力度，重点解决零就业家庭、残疾人等特殊困难对象就业。妥善做好产能过剩行业、兼并重组企业的职工安置工作。再根据地区经济社会形势发展需要，不断调整和完善促进就业政策的覆盖范围、帮扶对象、扶持手段和资金力度的同时，一是重点增加灵活就业政策与正规就业政策的衔接，鼓励城乡劳动者由非正规就业（灵活就业）向正规就业过渡；二是进一步强化政府“托底”安置政策与市场竞争就业政策的衔接，推动城乡劳动者由依靠政府“救济”向自主择业、就业转变，从而实现更高质量就业。

完善失业动态监测工作机制，密切关注各地化解过剩产能和淘汰落后产能过程中的减员、待岗现象。对采取有效措施不裁员、少裁员、稳定就业岗位的企业，由失业保险基金给予稳岗补贴，主要用于职工生活补助、缴纳社会保险费、转岗培训、技能提升培训等相关支出。妥善解决化解过剩产能和结构调整中下岗分流职工的再就业以及劳动关系处理、社会保险关系接续等问题。

加强街道就业和社会保障服务设施项目建设，在完善职业介绍、职业指导、职业培训、创业指导、就业实习等公共就业服务内容的同时，尽快实现就业与社会保障信息系统互联互通。改善就业援助的服务条件，对就业困难人员、特别是长期失业人员提供综合而精准的服务，有针对性地解决失业问题。同时，加强绩效考核，综合评定就业服务工作量和工作成果，并以此作为核发补贴资金的重要依据，促进服务质量提升。

参考文献

［1］［美］保罗·萨缪尔森，威廉·诺德豪斯．谈失业与通货膨胀［M］．萧琛，等，译．北京：商务印书馆，2011.

［2］［意］法比奥·卡纳瓦．应用宏观经济研究方法［M］．周建，译．上海：上海财

经大学出版社，2009.

[3] 蔡昉，张车伟．中国人口与劳动问题报告．No. 16——“十二五”回顾与“十三五”展望［R］．北京：社会科学文献出版社，2015.

[4] 蔡昉．中国经济发展的人口视角［M］．北京：中国社会科学出版社，2013.

[5] 曾湘泉，李丽林．我国劳动力市场中的就业政策支持［J］．中国人民大学学报，2003（1）.

[6] 陈仲常．失业风险监测预警指标考察［J］．经济科学，1998（4）.

[7] 谌新民．农村剩余劳动力外出就业风险：预警与公共政策选择［M］．北京：人民出版社，2012.

[8] 程明望，潘烜．就业风险对农村剩余劳动力转移的影响——模型与实证［J］．公共管理学报，2010（3）.

[9] 方福前，孙永君．奥肯定律在我国的适用性检验［J］．经济学动态，2010（12）.

[10] 冯文权．经济预测与决策技术［M］．武汉：武汉大学出版社，2013.

[11] 韩雪，张广胜．就业风险、社会资本与进城务工人员的部门选择［J］．当代财经，2015（3）.

[12] 韩雪，张广胜．预期就业风险、就业动机与进城务工人口就业选择行为研究［J］．人口与经济，2014（6）.

[13] 何静，王萌萌．我国充分就业的模式和路径探析［J］．经济问题，2013（1）.

[14] 黎玉柱．浅谈开放劳动力市场的实施对策［J］．经济研究，1986（12）.

[15] 李国民，饶晓辉．我国产出波动与失业率变化之间的趋势性与非对称性研究［J］．当代财经，2013（8）.

[16] 李扬，张晓晶．“新常态”：经济发展的逻辑与前景［J］．经济研究，2015（5）.

[17] 刘金全，金春雨，郑挺国．中国菲利普斯曲线的动态性与通货膨胀率预期的轨迹：基于状态空间区制转移模型的研究［J］．世界经济，2006（6）.

[18] 刘燕斌．中国劳动保障发展报告（2015）［R］．北京：社会科学文献出版，2015.

[19] 陆绍凯．风险可评估性对风险感知的影响——基于在校大学生就业风险的实证研究［J］．管理评论，2011（12）.

[20] 任栋，李萍，孙亚超．中国失业率水平的适度调控目标区间研究——基于面板门限模型的实证分析［J］．经济学家，2014（2）.

[21] 陶鹏，童星．风险的体制性衰减：一个概念性分析框架［J］．北京行政学院学报，2015（1）.

[22] 铁明太．农村籍大学生就业风险与对策［J］．求索，2011（5）.

[23] 王利清．社会资本、人力资本与牧区劳动力转移就业风险［J］．前沿，2011（23）.

[24] 王阳．对经济增长带动就业的进一步认识及建议［J］．宏观经济信息研究，2015（17）.

[25] 魏红英，葛梅，张凤华．群体失业风险的政府管理机制研究［M］．武汉：华中

科技大学出版社，2014.

［26］魏瑾瑞. 基于动态面板数据模型的失业与经济增长的再考察［J］. 中国经济问题，2012（1）.

［27］辛宇. 失地农民就业风险状况调研分析——以济南市西郊被征地村落群为例［J］. 农业经济，2014（9）.

［28］杨河清. 劳动经济学［M］. 北京：中国人民大学出版社，2006.

［29］袁志刚. 失业经济学［M］. 上海：格致出版社，上海人民出版社，2014.

［30］张军，吴桂英，张吉鹏. 中国省际物质资本存量估算：1952～2000［J］. 经济研究，2004（10）.

［31］张研，张翼. 下岗人员再就业的困难与希望［J］. 21世纪，1997（4）.

［32］张征宇. 构建城乡就业失业状况监测评价体系——基于北京市现状的探讨［J］. 中国劳动，2015（7）.

［33］赵树凯. 成本与风险的初步考察［J］. 农业经济问题，1995（3）.

［34］中共中央关于制定国民经济和社会发展第十三个五年规划的建议［EB/OL］，新华社，2015－11－03. http：//cpc. people. com. cn/n/2015/1103/c399243－27772351－8. html.

［35］中国人民大学经济研究所. 中国宏观经济报告（2013～2014）：大改革与大转型中的中国宏观经济［R］. 北京：北京大学出版社，2014.

［36］C. G. Jardine，S. E. Hrudey. Mixed Messages in Risk Communication［J］. Risk Analysis，1997（4）：489－498.

第五章

就业风险的综合测度及整体判断

魏国学　邢　伟　孔伟艳　王　阳　田　帆

内容提要： 经济增速放缓和经济结构调整是否会给就业带来巨大的负面冲击？这是经济新常态下无法回避的一个重大问题。虽然中国经济增速从2011年起开始告别10%以上的高增长时代，2012年经济增速进一步低于8%，但近几年城镇新增就业都顺利超过了1000万人，城镇登记失业率长期维持在4.0%～4.3%之间，典型地区和行业也未出现大规模失业，2015年经济增速进一步降至6.9%的新低，但是城镇新增就业依然有13210万人，城镇登记失业率也仅有4.05%。显而易见，这两个表现良好的统计指标不能体现经济新常态下就业问题的全貌，城镇登记失业率更是忽略了2.7亿人农村流动人口，经济新常态下的就业风险问题需要被更加全面的审视，新常态既面临经济增速放缓，又要经历经济结构调整的阵痛，同时还需要面对劳动力结构的重大变化，这些重大特征会给就业问题带来截然不同的冲击，各种冲击带来的就业风险需要引起高度重视。

第一节　宏观经济形势变化带来的就业风险

经济新常态下的宏观经济形势发生了重大转变，就业风险的界定和评估需要更加宽广的视野。在经济高速增长阶段，大多数研究者认为就业风险包括宏微观两个层面，宏观层面的就业风险主要指国家或地区整体就业形势的不确定性给宏观经济发展造成负面影响的可能性，微观层面就业风险是指在劳动力市场上有就业意愿的劳动者未能使其个人能力与工作岗位进行理想的结合造成的经济社会损失的可能性（杜两省，2009；黄波、王楚明，2010）。我们认为就业风险有三个维度：（1）经济增速放缓和关键宏观经济指标走弱引发就业动能不足的风险，以及由此衍生的担忧对新常态重大改革的硬性约束。（2）产业结构调整、部分企经营状况恶化、部分地区经济发展困难引发的规模性裁员，被裁减人员无法重新上岗会引发严重的社会稳定风险。(3) 城镇部门无法持续提供全社会所需的就业岗位，大学生、农民工和困难群体无法获得与其职业技能相匹配的职位，劳动力市场结构调整滞后于产业结构调整导致的劳动力供需失衡，使得失业和隐性失业严重影响经济社会稳定的风险。“保增长就是保就业”时刻提醒着学术界和决策者，就业风险绝非“空穴来风”。

（一）经济增速下滑带来的就业风险

在全球金融危机的冲击下，中国经济增速直到 2010 年才恢复到 10.63%，但增速逐年下滑到 2015 年的 6.9%，经济增速下滑加剧了各界对就业的担忧。如图 5－1 所示。2010 年 GDP 同比增长 10.3%，一直下滑到 2015 年第 3 季度的 6.9%，而且继续下滑的压力较大，这是改革开放以后第一次出现如此长时间的经济增长速度下滑。从 20 世纪 90 年代算起，中国的经济周期以 6～7 年为一个周期，上升保持 6～7 年，下降保持 6～7 年。1990～1997 年是经济的上升周期，随后 1998～2003 年处于经济的通缩周期。然后又开始保持大概 7 年左右的高速增长，这一轮高速增长更快，现在中国正处于 7 年的向下周期。

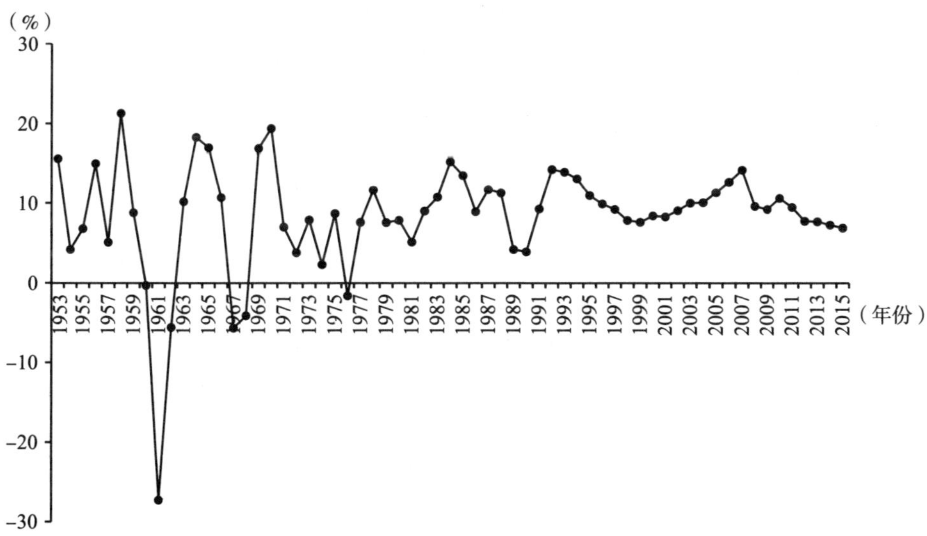

图 5－1　我国历年的经济增速（1953～2015 年）

资料来源：国家统计局。

尽管最近几年城镇新增就业都超过了 1000 万人，但经济减速对城镇就业的不利影响在 2014 年已开始凸显，2015 年城镇新增就业更是出现了下滑。如

图 5 - 2 所示，自 2010 年以来，我国经济增速逐年下滑，但城镇新增就业屡创新高，到 2014 年达到 1322 万人的新高水平；经济增速放缓对城镇新增就业增速的不利影响一直存在并不断显现。城镇新增就业增速从 2010 年的 5.99% 直线减少到 2013 年的 3.48%，到 2014 年这一增速更是直线跌落到 0.92%。随着经济增速的放缓，城镇净增就业人数从 2010 年的 1365 万人减小到 2014 年的 1070 万人，城镇净增就业人数的增速自 2011 年起便是负数，2014 年这一减速为 -5.98%，远高于 2012 年的 -4.21% 和 2011 年的 -3.18%。

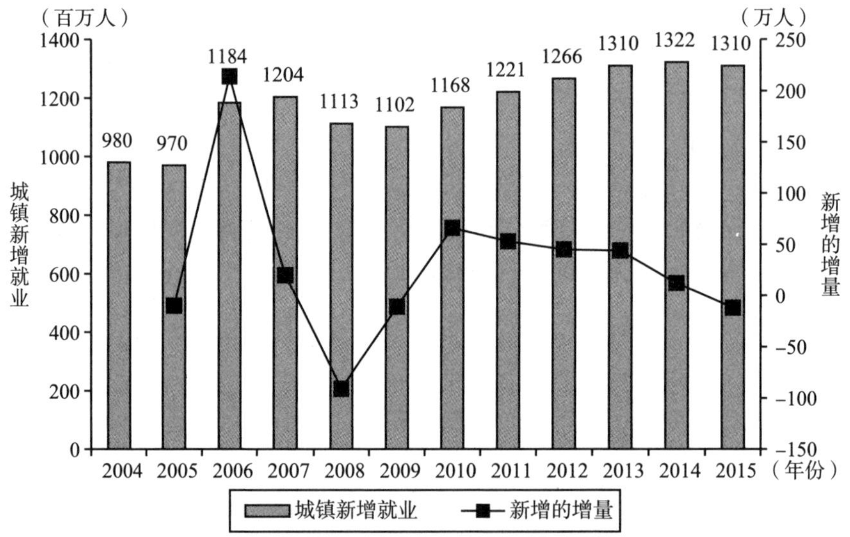

图 5 - 2　2004 ~ 2015 年我国城镇新增就业的情况

资料来源：人力资源和社会保障部。

经济增速下滑伴随着调查失业率上升，经济动能不足引发的就业风险在最近几个季度开始显现，这种风险对新常态的改革措施形成掣肘。如图 5 - 3 所示，2015 年 9 月的调查失业率数据是在 5.2% 左右，比前两个月稍微有一点点上升，由于 8 ~ 9 月正是中国大学毕业生进入劳动力市场的旺季，所以一定程度上增加了劳动力市场的压力，尽管 25 ~ 60 岁的就业人员调查失业率相对稳定，但经济增速数据和调查失业率数据的负相关性比较明显。就业在新常态下始终是重要问题，如果就业解决不了，社会不会稳定，内需不会扩大，经济的持续增长就会受到阻碍，其他改革都难以进行下去。

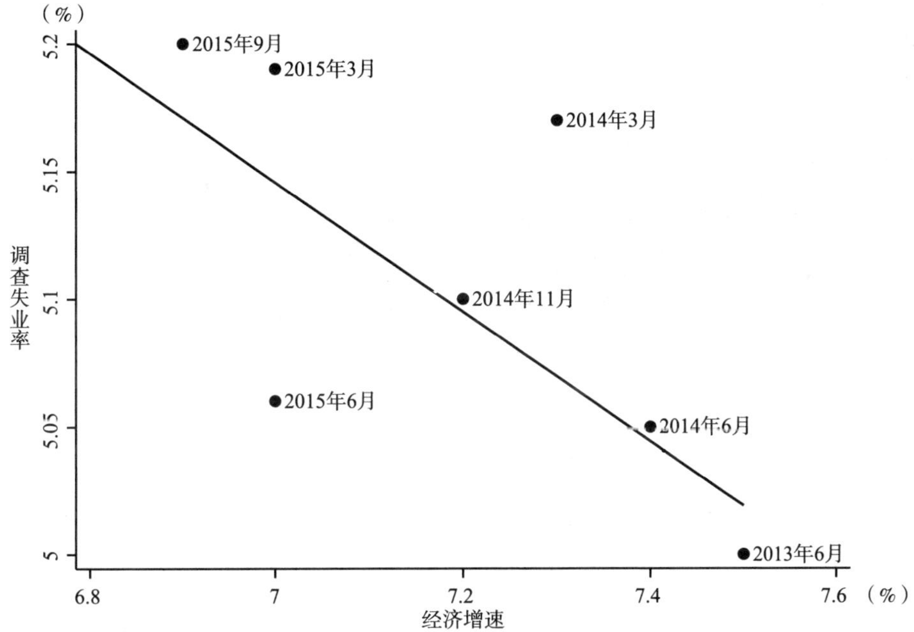

图 5－3　2013 年 6 月至 2015 年 9 月我国调查失业率和经济增速之间的关系

资料来源：国家发展和改革委员会、国家统计局。

（二）经济结构调整引发的裁员阵痛

第二产业增速自 2010 年起明显放缓，第三产业增速有所提升但增幅有限，第三产业吸纳就业的能力有待进一步观测。如图 5－4 所示，本轮经济下行周期始于 2010 年第 1 季度，第二产业经济增速从 2010 年第 1 季度的 15.4% 下降到 2015 年第 3 季度的 5.8%，第三产业经济增速从。然而，从 2012 年起第三产业和第二产业发展已经出现了背离，在第二产业增速仍在不断下滑的同时，第三产业增速处于平台整理，并没有出现趋势性的下降。正是因为第三产业的增速稳定，2012 年以后在工业增加值增速不断下降的同时，GDP 增速却一直保持相对平稳。第三产业的产值虽然已经超过了第二产业，但第三产业就业人数占比只从 2008 年的 27.2% 缓慢提高到 2014 年的 29.9%，第二产业依然是就业岗位最主要来源，与此同时，第三产业对就业者的年龄和教育水平等综合素质提出了更高的要求，第二产业分流出来的就业者不可能轻易地转换工作到第三产业，导致第二产业的多余劳动力面临更加剧烈的裁员痛苦。

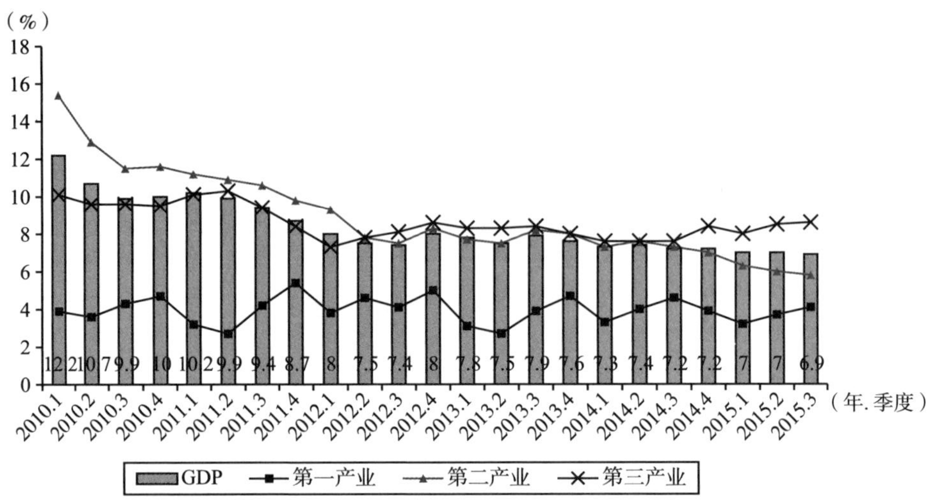

图5－4　我国GDP和三大产业的季度增速（2010年第1季度至2015年第3季度）

资料来源：国家统计局。

重点行业的增速下滑幅度较大，"去产能"等政策极易产生较大的裁员风险。建筑业和工业增速的下滑幅度较大，除金融业外的其他服务业增幅在2015年有所回升。如表5－1所示，2015年前三季度，全国建筑业总产值117947亿元，比去年同期增长5.8%，自2013年以来增速持续10个季度下滑。2015年前三季度中国工业增加值增速逐季走低，工业企业效益明显下滑，过去比较困难的原材料工业，如钢铁、电解铝、水泥等行业还在持续疲弱，2015年又出现了占工业两成多的装备制造业增速明显下滑，其主要的原因仍是有效需求不足，与此同时也存在有效供给不足的问题，投资、出口下滑是工业面临的最大压力，结构不合理、创新能力不足、产能过剩也导致工业企业效益下滑，这些衰退行业恰好是传统的就业大户，裁员风险将进一步加大。随着2016~2017年对过剩产能的进一步清理淘汰，预期裁员风险有进一步恶化的可能，根据产能利用率的相关数据初步计算，去产能可能需要在工业部门总共裁员2000万人。

表5－1　2010年第1季度至2015年第3季度我国主要行业的累计同比增速　单位：%

时期（年．季度）	第二产业		第三产业					
	建筑业	工业	交仓邮	批零	住餐	金融	房地产	其他
2010.1	16.2	15.4	11.7	16.2	6.2	10.2	11.2	6.6
2010.2	13.8	12.8	10.7	14	7.4	8.3	3.9	9

续表

时期（年．季度）	第二产业		第三产业					
	建筑业	工业	交仓邮	批零	住餐	金融	房地产	其他
2010. 3	13	11. 3	8. 9	14	10. 4	8. 6	4. 7	8. 7
2010. 4	13. 6	11. 3	7. 1	14. 3	8. 7	8. 5	10. 1	7. 6
2011. 1	10. 4	11. 3	9. 3	12. 4	4. 7	12. 2	8. 9	9
2011. 2	9. 8	11. 2	9. 3	12. 2	4. 9	10. 5	8. 7	10. 4
2011. 3	9. 7	10. 9	10. 3	12. 1	5. 2	4. 9	8. 9	9. 9
2011. 4	9. 5	10	9. 6	13. 1	5. 5	3. 5	3. 9	9. 1
2012. 1	10. 2	9. 2	5. 7	10. 1	6. 2	6. 6	0. 5	8. 7
2012. 2	9. 6	7. 5	6. 1	10	6	9. 3	1. 7	8. 8
2012. 3	9. 7	7. 2	5. 5	10. 3	6. 7	10. 4	6. 7	7. 6
2012. 4	9. 8	8	7	10. 7	6. 9	11. 6	8. 9	6. 9
2013. 1	9. 9	7. 5	6. 3	10. 2	3. 4	10. 8	9. 9	6. 9
2013. 2	9. 7	7. 1	6. 3	10. 5	3. 7	9. 8	7. 6	7. 7
2013. 3	10	7. 9	6. 9	10. 4	4. 1	11. 1	7. 2	7. 5
2013. 4	9. 3	7. 8	6. 8	10. 8	4. 3	10. 6	4. 9	7. 2
2014. 1	9. 4	7	6. 5	10	6	8. 3	3. 1	8. 1
2014. 2	9. 5	7. 2	7. 3	9. 7	6. 5	7. 5	2. 6	8. 6
2014. 3	9	7	6. 7	9. 3	6. 2	8. 8	1. 7	8. 8
2014. 4	8. 7	6. 6	7. 5	9	6. 3	14. 2	1. 9	8. 9
2015. 1	8. 8	6. 1	5. 4	6. 1	5. 7	15. 7	1. 3	8. 8
2015. 2	5. 9	6	4. 1	5. 9	5. 8	19. 2	4. 5	8. 7
2015. 3	5. 8	5. 8	4. 7	6. 1	6. 5	16. 1	4. 9	9. 5

资料来源：国家统计局。

辽宁省、山西省和陕西省等省份经济下滑幅度大，全国只有 5 个省（区、市）的经济增速提升，区域性发展问题诱发的区域性裁员风险进一步加大。如图 5－5 所示，在宏观经济趋紧的形势下，相比 2014 年，2015 年前三季度 26 个省（区、市）的经济增速有所下滑，其中辽宁省、山西省、陕西省增速下滑幅度超过了 2 个百分点。20 个省（区、市）前三季度 GDP 增速较上半年回升，辽宁省增速最低，暂时“垫底”。与2014年前三季度经济运行数据相对比，有22个省（区、市）GDP增速回落，其中辽宁省降低3.5%下滑幅度最大。煤炭、钢铁等产能过剩行业的用工需求疲软，山西省和东北三省等地就业形势堪忧。2014年以来，依赖煤炭和钢铁等过剩产业的山西等地区遭受了剧烈的就业冲击，单一的产业结构无法吸纳亏损行业的城镇职工，虽然企业没有大幅裁员，但职工的工作时间和薪酬水平显著下降，隐形失业问题已经非常严重。近年来，东北三省每年流失的人才多达200万人，沈阳、长春和大连常年处于城市就业压力排行榜的前列，城镇新增就业不断下滑，登记失业率以及领取失业金的人数都在上升。经济下滑的重灾区已经从东部沿海地区转向重工、重化行业集中的东北和中西部等资源型区域，随着相关行业企业的关闭停产，大面积裁员潮将对以上区域政府维稳产生巨大的政治压力，这些区域产业能否振兴，不仅仅是经济和产业问题，更是信心和稳定的问题。

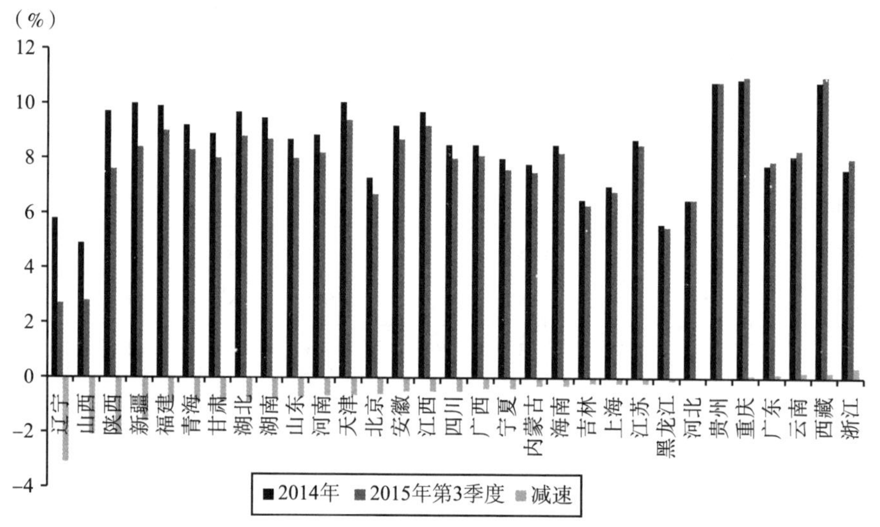

图5－5　我国各地区2014年和2015年第3季度的经济增速及变化

资料来源：国家统计局。

（三）劳动力市场结构带来的失业风险

在经济增速下滑的同时，城镇登记失业率虽然较低，但失业人员的规模逐年加大，困难群体的就业情况都出现了不同程度的恶化，失业带来的社会稳定风险不断变大。如图5－6所示，随着社会经济转型，我国城镇也面临着日益严峻的就业形势。劳动年龄人口数量快速增长，农村劳动力向城市转移速度的加快以及城镇下岗职工再就业难度的加大，使得城镇失业现象日益严重。1994年底，全国城镇登记失业人数为470.4万人，登记失业率达2.8%。而到2014年底，城镇登记失业人数达到952万人，登记失业率达4.09%。2015年1月，城镇新增就业人员88万人，同比减少了1万人；失业人员再就业36万人，同比减少了3万人；困难人群就业12万人，同比减少1万人。汇丰制造业PMI就业分项指数，自2013年10月以来一直低于50，2015年1月达到相对较高的水平，为49.5，但仍未超过50，说明中国制造业就业市场仍处在萎缩状态。如图5-6所示，下岗失业和困难人员的再就业人数在2014年都出现了下滑，从2015年第3季度的数据看，困难群体的就业指标将进一步下滑。当宏观经济运行进入新常态，受外部环境，受外部环境冲击与困难群体自身条件的影响，该群体的就业风险将显著加大。从整体看，困难群体在加大，困难群体的失业风险加剧，尤其是长期失业问题加重，同时，实现高质量就业难度加大。从群体看，"40后、50后"人员和大学生的就业风险最大，是困难群体中的重点。

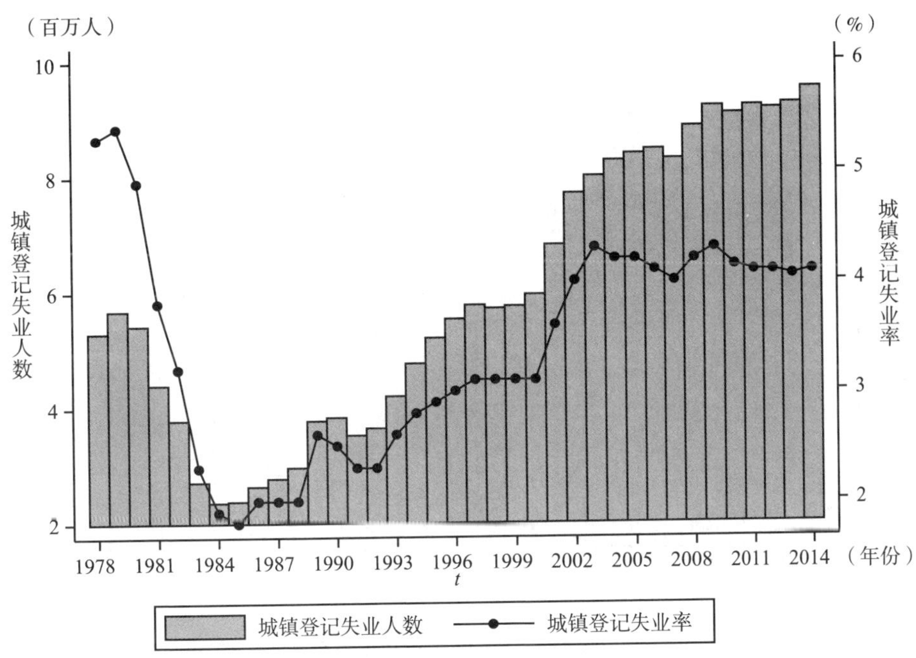

图5-6 我国的城镇登记失业人数和城镇登记失业率（1978~2014年）

资料来源：国家统计局。

企业招聘需求下降、国企隐性失业上升、部分省市失业风险累积现象加剧，就业信心不高问题开始凸显。2015 年互联网就业呈现出前松后紧的态势。根据中国就业研究所公布的《中国就业市场景气指数报告》，2015 年上半年互联网/电子商务行业用工需求同比增长达到了 71%，仅次于金融业。然而，下半年却峰回路转。继阿里巴巴集团公司在 2018 年 9 月宣布调整人才战略，缩减校园招聘之后，10 月 20 日，百度发出了冻结大规模社会招聘的内部邮件。从智联招聘 2014 年、2015 年 BAT（百度、阿里、腾讯）在线社会招聘职位月趋势同比来看，从 2015 年伊始，用工需求相对上一年有所降低，一直持续到 2015 年 10 月份。2015 年 1 ~ 10 月 BAT 用工需求同比下降 30%。根据国家统计局公布的数字，2015 年上半年东北地区规模以上工业增加值同比下降 2.2%，降幅比第 1 季度扩大 0.6 个百分点，规模以上企业就业人员下降 9%。2015 年上半年，东北地区的省会城市平均失业率在 7% 左右，比全国平均水平高 2 个百分点左右。山西作为中国反腐与经济的重灾区，短期内经济负增长的态势难以扭转，就业预期指数进入 2015 年来出现了明显下滑（如图 5 – 7 所示）。预期 2016 年隐性失业将逐步向显性失业转变。

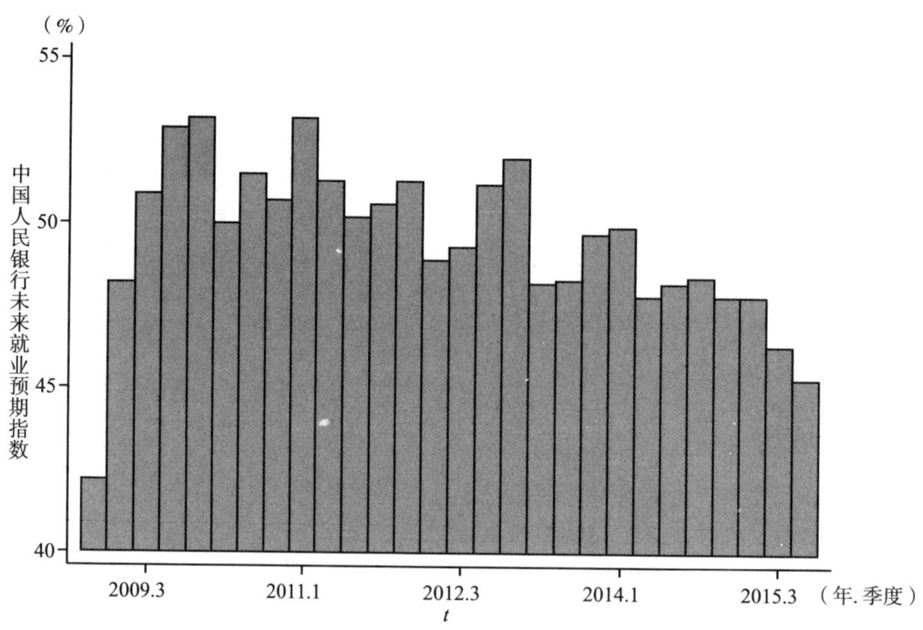

图 5 – 7　我国未来就业预期指数（2009 年第 1 季度至 2015 年第 3 季度）

资料来源：中国人民银行。

劳动力供给带来的就业压力依然较大，主要行业用工需求大幅减弱，新兴行业的供需失衡问题突出，农民工等弱势群体的就业问题突出，结构性问题引发的失业风险凸显。如图 5 -8 所示，2015 年以后的劳动力供给仍然很大，就业压力依旧较大，未来就业压力将逐步缩小，劳动力供给结构性不足的范围将加深并扩大，但劳动力减少需要一个漫长过程，当前经济活动人口的比例在逐年提高（济活动人口是指所有年龄在 16 岁及以上，在一定时期内为各种经济生产和服务活动提供劳动力供给的人口。这些人被视为实际参加或要求参加社会经济活动的人口，也称为现实的人力资源。它处于就业或失业的状态，是就业人口和失业人口之和）。调整经济结构和化解产能过剩都会对就业造成负面影响，新兴产业则承接了部分转移劳动力，但劳动者专业素质整体上仍难以满足新兴行业的用工需求。受投资下降和制造业不景气的影响，在农民工供给减速的情况下，出现了工资增速放缓的情况，“就业难”问题有可能重现。新生代农民工不愿回农村，农村的缓冲作用减弱。小部分农民工在新常态下尝试返乡创业或就业，但绝大部分新生代农民工既不愿意回到农村，也无法回归传统农业，农村的就业缓冲作用愈来愈弱。“短工化”现象日趋严重，企业用工成本显著增加。随着新生代农民工不断进入劳动力队伍，“短工化”正逐渐演变成农民工就业的新潮流，这显著提高了企业的用工成本，使得农民工面临更加严峻的就业形势。

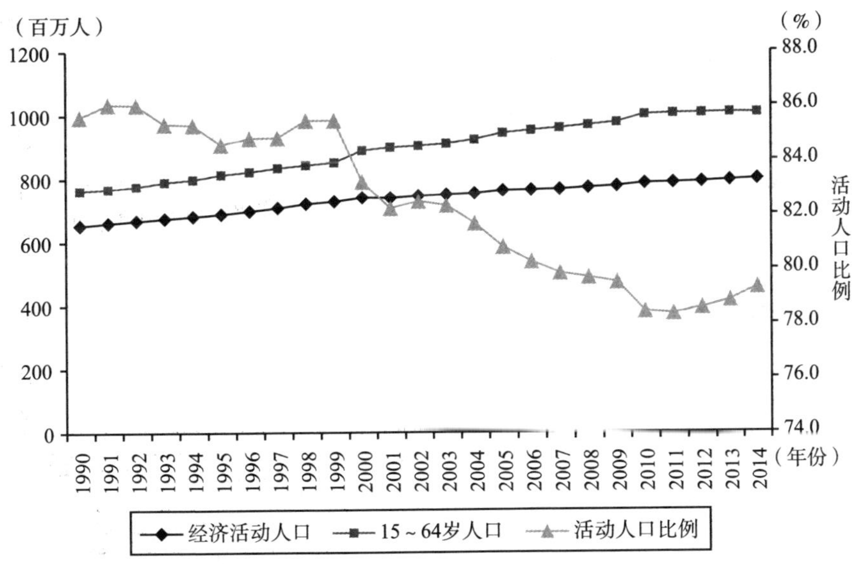

图 5 -8　1990～2014 年我国经济活动人口和经济活动人口比例

资料来源：国家统计局。

第二节 就业风险的影响因素及其变化趋势

就业问题是复杂经济社会条件的外在体现，就业风险在新常态下的影响因素越来越复杂。经济增速及其背后结构性特征是就业稳定的原动力，新常态复杂的经济结构问题会给就业带来总量风险问题，而对于就业问题的担忧反过来又会制约经济的结构性改革，因此经济总量问题是就业风险重要影响因素。产业结构调整和城乡发展格局变化等重大变革是经济新常态的重要特征，这些剧烈的变化会对既有就业格局产生重大冲击，同时不可避免地会在短期内导致特定行业和地区出现裁员现象，因此重大结构变迁是影响就业风险的另一个重要因素。与此同时，全球化尤其是国家贸易等因素在新常态下也会对我国的就业风险产生重大影响。随着中国经济增长方式的转变和产业结构的优化升级，同时受边际递减普遍规律的影响，经济增长对就业的拉动能力将趋于下降，这将导致自然失业率上升。国内不确定经济事件（比如股市大幅波动）、国内不同地区经济社会政策的变动将带来难以预料的周期性失业。

（一）经济增速和总需求结构的变化

已有的研究表明，经济增速是劳动力需求的重要保障，增速下滑会给经济新常态下的就业带来风险。劳动力需求和经济增长存在着复杂的影响关系。著名的奥肯定律（Okun，1963）揭示了实际失业率与自然失业率的偏离度对实际增长率与潜在增长率的偏离度的影响，在当时的美国，1 个百分点的失业率下降伴随着 3 个百分点的额外产出增长率。但在劳动力需求变化的同时，一系列影响劳动力供给的因素也在发生作用，从而放大了劳动力需求对经济增长率的影响（Altig，Fitzgerald & Rupert，1997）。如果经济增速无法得到保障，劳动力需求的扩大便无从谈起，甚至还会发生大规模的失业。但是经济增长并不能完全保证劳动力需求的扩大，当政府相机采取扩张性的财政或货币政策应对经济周期时更倚重资本密集型产业，这不仅不能带来大量的劳动力需求，还可能减弱劳动力需求（蔡昉，2007）。在一个典型的生产函数中，技术效率、资本投入和劳动投入共同决定了产出（Meeusen & van Den Broeck，1977），既定条件下的经济总量、资本投入和技术效率共同决定着劳动力需求，经济增长是扩大劳动力需求的必要非充分条件，资本对劳动力既有替代效应也有拉动效应，技术可能是劳动节约型的也可能是劳动驱动型的。鉴于多重因素影响着劳动力需求，扩大劳动力需求的政策不应只拘泥于经济增长，而应该综合考虑其他重要因素。

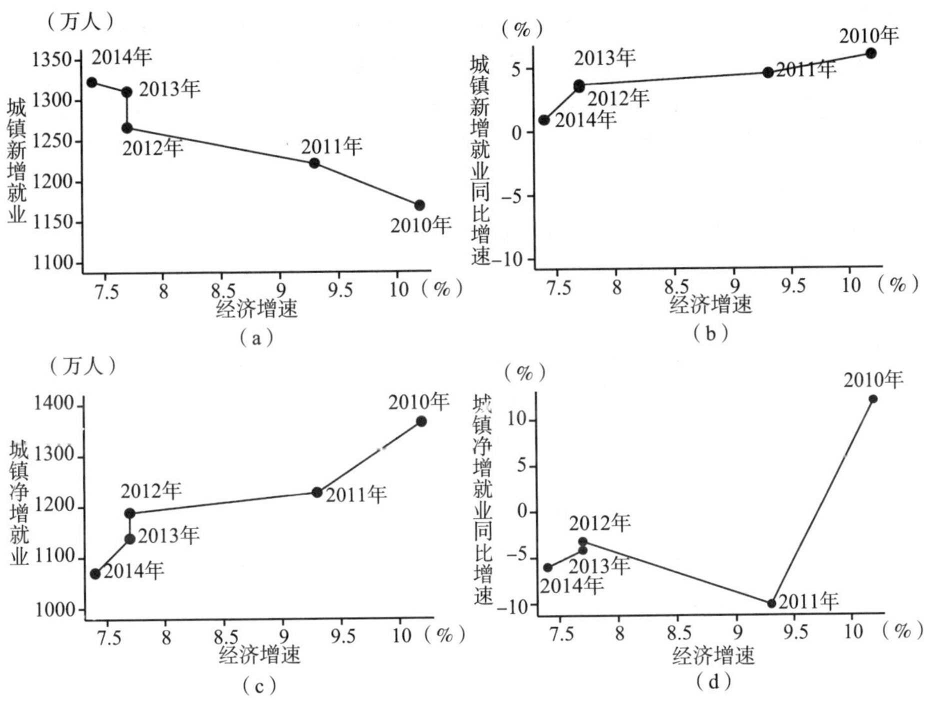

图 5－9　我国城镇新增就业和经济增速之间的关系（2010～2014 年）

资料来源：国家统计局。

经济增速放缓会降低城镇新增就业的增幅，同时削弱乡村就业转移的速度，在乡村缺乏就业缓冲能力的情况下，城乡就业风险都会增加。如图 5－9（a）所示，2010 年以来经济增速逐年下滑，但城镇新增就业人数屡创新高，2014 年达到历史新高的 1322 万人。更值得关注的是，随着经济增速逐年放缓，城镇新增就业的增速从 2010 年的 5.99% 直线减少到 2013 年的 3.48%，到 2014 年更是直线跌落到 0.92% ［见图 5－9（b）］，城镇净增就业人数从 2010 年的 1365 万人减小到 2014 年的 1070 万人［见图 5－9（c）］，城镇净增就业人数的在 2014 年减小了 5.98%，远高于 2012 年的－4.21% 和 2011 年的－3.18%［见图 5－9（d）］。在经济不景气的时候，乡村劳动力流向城镇的速度放缓，城镇就业的增速和乡村就业的减速同时减小，而乡村就业人数又多于城镇就业人数，

消费品零售增速缓慢上升，第二、三产业投资增速下滑较多，进出口大幅缩减，总需求结构的变化非常不利于就业。商务部最新数据显示，2015 年我国社会消费品零售总额预计达到 30 万亿元，稳居世界第二，最终消费支出拉动 GDP 累计同比增速 4.0 个百分点，对 GDP 增长的贡献率达到 58.4%，较上

年同期提高近10个百分点。2015年前三季度增速比1~8月回落1.1个百分点；第二产业投资162189亿元，增长8%，增速回落0.5个百分点；第三产业投资221335亿元，增长11.2%，增速回落0.7个百分点。2015年11月中国进口同比下滑8.7%，降幅较10月12.6%的降幅有所收窄。出口同比下滑6.8%，降幅高于10月份的5%。进口下滑既反映出石油、铁矿石和铜等大宗商品价格下跌，也反映出在中国制造业和建筑行业放缓之际基础原材料需求乏力（见图5-10）。为了缓解经济增速下行给企业带来的经营压力，国家出台了一系列扶持政策，其中以增强流动性、缓解企业资金压力的政策最受关注。但中小企业难以从这些政策中获得真实好处。在实际中，商业银行通常要求中小企业在获得新的贷款之前必须偿还之前从银行所借的资金，而中小企业在经营困难期间自身无力偿还，通常通过民间借贷的手段转借资金偿还银行贷款，希望借此获得新的贷款。但是商业银行出于其规避风险和获取利润的本位，特别是在当前经济下行压力大的背景下，不愿贷款给中小企业，导致中小企业无法偿还之前为填补银行贷款而转借的高利息民间资本，引发许多中小企业破产，从而造成了新的就业问题。

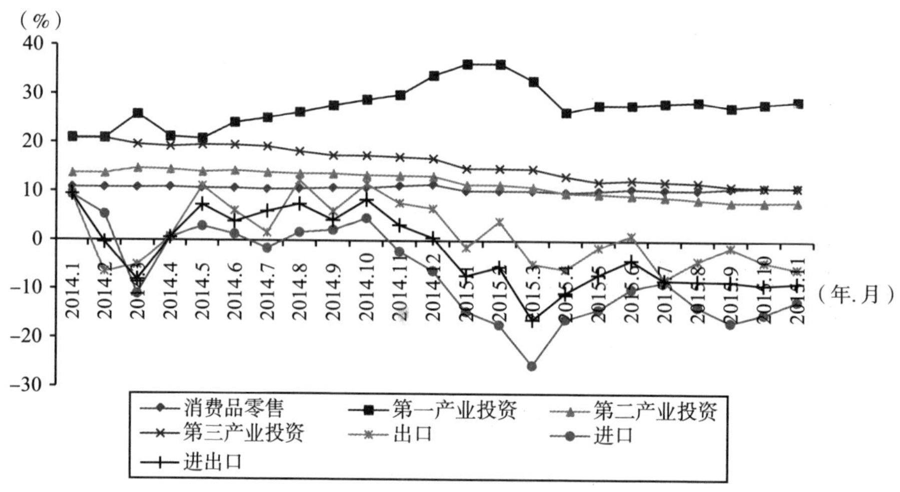

图5-10　我国消费品零售同比增速（扣除价格因素）、固定资产投资累计同比增速和进出口同比增速（季节调整）（2014年1月至2015年11月）

资料来源：国家统计局。

（二）产业结构和人口结构的变化

产业结构调整的阵痛会带来形式多样的就业风险，互联网+背景下的生产消费模式会产生就业风险。第一产业对就业具有稳周期作用，农村劳动力作为“蓄水池”能够自动保证就业的稳定平衡，但随着新生代农民工进入劳动力队伍，加之发展滞后的农业和农村无法吸引年轻农民工返乡，农业的就业缓冲作用正在不断弱化。以富士康为代表的大型劳动密集型企业开始不断使用机器人代替劳动力，这将加剧低技术工人的失业风险。服务业的产值占比虽然已经超过了工业，但服务业多属于资本密集型的生产服务业，其劳动带动作用尚无法发挥出来。服务业的振兴必须依赖于一定规模中产阶级的消费，中国中产阶级的规模依然有待扩大。互联网消费对就业影响需要全面系统的评估，例如，万达百货差不多一半门店处于亏损状态，很多门店都需要万达商业对其“补贴”，万达集团近日下发文件，万达百货将关闭济南市、唐山市、江门市、温州市、沈阳市以及湖北省荆州市等多个地区共40多家严重亏损的门店，剩余的上海市宝山区、泉州市、襄阳市也在压缩经营面积。中国需要有新的劳动岗位解决失业者，但也不能为了解决就业而不顾效率。

城镇的失业风险和就业难风险将进一步加大，房地产等领域的投资不景气将冲击地方经济增长和特殊群体就业。全球经济危机前，中国主要城市要达到95%～100%入住率只需要8～9个月，现在建成两年后仍只有一半入住，中国削减利率，削减银行储备金下限，需要刺激经济才能达到25年来的最低增幅，房地产的持续不景气不利于地方经济发展。房地产和基础设施建设投资的不景气，对贫困地区和年纪较大的农民工影响很大。随着城镇化进程的加速推进，劳动力将逐渐从农村彻底向城镇非农产业转移，新旧城镇居民的失业风险将进一步增加。在经济下行压力加大的情况下，大学生和新进城农民工的就业风险也会加大。

随着我国人口老龄化的不断加剧，人口抚养比将会不断下降，劳动年龄人口将会不断减少，劳动力供给数量将会逐渐降低，劳动力的平均年龄会不断上升，这会给就业转换带来难度进而带来就业风险。在这一下降过程中，中青年劳动力将会率先出现下降，同时由于低劳动年龄人口中毕业学生较多，劳动参与率也较低，因此随着人口老龄化也将会造成劳动参与率随之下降（童玉芬，2014）。20世纪后二十年，曾有大批的中西部地区农民工向着东南沿海方向流动，而后随着中西部地区的崛起，东部地区、中部地区、西部地区农民工的收入差距逐渐减少，也使得向东部流动的农民工数量不断减少，这让东部地区的很多企业感受到了非常强的“用工荒”（张翼，刘影翔，2011；李传志，张兵，2015）。

（三）国际经济环境的变化

外贸渠道冲击中国就业，技术工人和非技术工人的替代性差异引发的就业不确定性。在全球金融危机的冲击下，出口下滑给中国经济和就业带来的巨大影响。次贷危机对中国经济的影响主要通过对外贸易传导，而中国对外贸易主要集中在第二产业，第二产业又集中了绝大多数非农就业。我国对外出口的持续下滑将会对就业产生较大冲击。多年来，出口一直是拉动我国经济增长的主要动力之一，不但为经济发展积累了庞大的外汇储备，更推动了加工制造业的快速发展，并为社会提供了大量的就业。随着中国要素禀赋结构的升级变迁，贸易机构也会随之改变，进而导致对不同技术水平工人需求的变化，技术水平低下的工人极容易被替代甚至面临失业的风险。

国际政治经济环境的变化会通过各种渠道影响国内经济和就业，欧美国家再工业化和低端加工制造业向东南亚国家转移给就业风险带来较大影响。美国经济的逐渐复苏和欧洲债务危机的逐渐化解都将增强世界经济发展的动力，有利于我国扩大对外贸易和出口，从而带来就业的增长，但发达国家的再工业化进程也会威胁中国出口部门的就业。而印度、巴西、俄罗斯和南非等金砖国家和新兴经济体的增长乏力又会减弱对我国出口产品的需求，从而影响到我国的经济增长和就业。在地缘政治方面，乌克兰危机给俄罗斯乃至全球经济增长带来较大挑战；与日本、菲律宾等国在领土上的争端和政治上的分歧会使我国双边经贸关系受到一定影响，从而波及我国相关出口企业的就业状况。欧美国家再工业化将毫无疑问会给我国就业带来巨大挑战。从近期来看，一些欧美国家的跨国企业已经将部分加工制造业务回迁到母国，减少在我国加工业务量乃至关闭工厂，同时将与加工生产紧密相关的研发、技术支持等业务转移回去，这将直接减少我国的就业规模，而且这种减少是长期持续的。从远期来看，欧美国家再工业化将对我国制造业向高端迈进形成巨大挑战，不利于我国在制造业领域建立起有效话语权，有可能将制造业形态固化在中低端领域，从而使我国制造业的就业形态处于被支配地位，潜在就业风险增大。低端加工制造业向外转移符合国际产业结构分工布局调整的发展趋势。客观来看，低端加工制造业向外转移对我国劳动力就业形成了一定冲击，特别是向外转移速度比较快的服装、鞋类、电子产品等行业，使得本已面临各种困难的就业形势更为严峻，东部沿海地区的失业人员已经形成一定规模。典型调研发现，部分工厂已经关闭或减产，很多员工已经被动放假，给当地就业带来一定压力。

FDI 的下降也会影响就业的稳定性，进而带来相关的就业风险。如图 5－11 所示，从 2008 年 1 月开始，外商直接投资金额的增速快速下滑，2009 年 1 月，外商直接投资金额的增速一度低至－32.7%，直到 2010 年 1 月，外商直接投资金额增速才变为正数，从 2011 年 3 月开始，外商直接投资金额又开始下滑，到 2012 年，外商直接投资金额的增速再次变为负数，总体而言，外商投资的形势不容乐观。从外商投资的主要行业的占比来看，制造业和房地产业一直是外商投资的重点行业，但这两个劳动密集型行业在外商投资中的份额出现了不同程度的下滑，而租赁和商务服务业在外商直接投资中的份额有一定程度的上升。

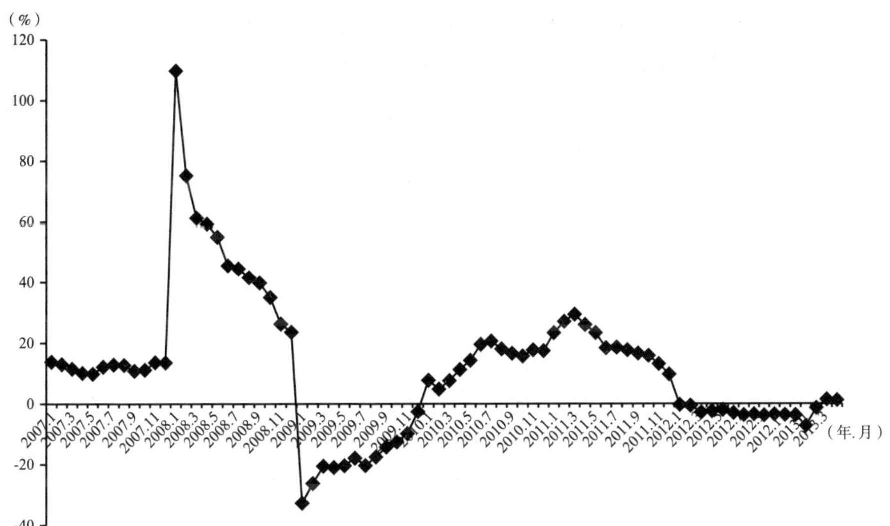

图5－11　我国实际利用外商直接投资金额（累计）的同比增长率（2007～2013年）

资料来源：国家统计局。

第三节　我国就业风险的综合测量方法及结果

无论从经济增速放缓和经济结构转变的角度来看，还是从劳动力市场结构的变化来看，经济新常态下的就业风险已经初露端倪，而影响就业风险的国内经济社会因素更是纷繁复杂，因此就业风险需要综合性的测量体系。除了考虑就业指标数据的可获取性外，就业风险的度量需要从新常态寻找切入点，结合前文的论述，本报告认为就业风险可以从三个维度来测量，首先是经济增速放缓及结构调整引发的就业动能风险，其次是产业结构调整带来的大规模裁员风险，最后是由供需问题引发的失业风险，其中裁员风险是短期内爆发的破坏力最大的就业风险，动能风险的外在表现可能比较温和，但它会诱发中长期的失业风险。

（一）就业风险的测量框架

就业风险可以从动能风险、裁员风险和失业风险三个维度来测量。如

图 5 - 12 所示，首先，动能风险包括三部分内容：（1）经济增速放缓带来的就业经济动能减弱。（2）服务业和城镇化的发展速度不能产生相应就业效应带来的结构性动能风险。（3）以城镇新增就业为代表的典型指标反映的整体动能风险。其次，裁员风险包含两部分内容：（1）重点行业经营情况显示出来的裁员信号。（2）被裁人员尤其是弱势群体重新获得工作的难度。最后，失业风险需要从四部分内容：（1）失业统计数据显示出的失业风险。（2）劳动力市场的整体供需匹配情况和焦点地区的供需匹配情况。（3）劳动力供给压力带来的失业风险。（4）需求动力不足带来的失业风险。整体看来，动能风险是持续存在的风险，裁员风险是短期的就业风险，失业风险则是中长期就业风险。

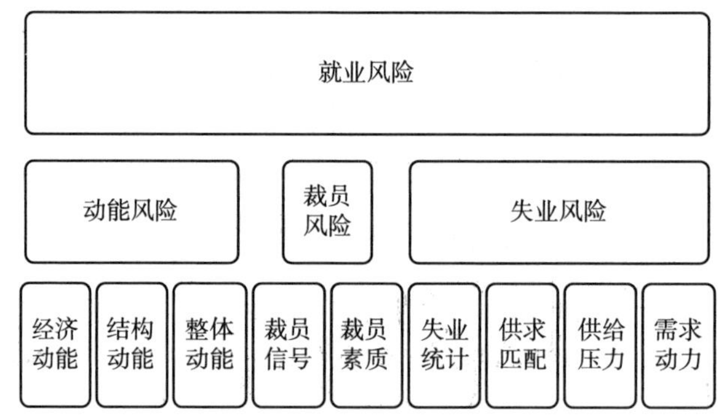

图 5 - 12　就业风险的测量框架

资料来源：笔者整理。

（二）就业风险指标体系和测量方法

就业指标体系是就业风险测量的出发点。本研究用指标体系反映就业风险，但各个统计指标的计量单位存在很大差异，如何将这些指标标准化成为可以相互比较的指标就显得非常重要，以此标准化就业风险的影响因素是实证研究的重要步骤。在评价综合发展水平时，联合国开发计划署的“人类发展指数”具有重要的影响力，本报告参考该方法测算就业风险指数。具体的计算方法如下，以 2010 ~ 2015 年为例，首先确定 3 个年份各个指标的发展目标值和历史最小值，即各个变量的阈值，然后确定每年相应变量阈值范围中的位置。记 X_{ij} 为第 j 个年份的第 i 个指标的实际值，为了使标准化指数 I_{ij} 变成一个处于 0 ~ 100 之间的值，用下面公式计算标准化的指标值，这一方法适用于正向指标：

$$I_{ij} = 100 \times \left(1 - \frac{\max X_{ij} - X_{ij}}{\max X_{ij} - \min X_{ij}}\right)$$

逆向指标的计算公式如下：

$$I_{ij} = 100 \times \left(1 - \frac{X_{ij} - \min X_{ij}}{\max X_{ij} - \min X_{ij}}\right)$$

在对所有三级指标进行标准化处理后，利用指标体系所赋予的权重，便可计算就业风险指数。

表 5-2　就业风险指标体系

一级指标	二级指标	权重	三级指标	单位	性质	权重
动能风险（35）	经济动能	25	GDP 增速	%		8
			第二产业投资增速	%	-	6
			第三产业投资增速	%	-	6
	结构动能	5	出口价值贸易指数	1	-	5
			服务业就业占比	%	-	3
			乡村就业占比	%	-	2
	整体动能	5	城镇新增就业增速	%	-	2
			下岗失业再就业增速	%	-	2
			就业困难人员再就业增速	%	-	1
裁员风险（30）	裁员信号	20	制造业企业景气指数	1	-	3
			制造业从业人员 PMI	1	-	3
			非制造业从业人员 PMI	1	-	3
			人民银行未来就业预期指数	1	-	3
			外出农民工月均收入增速	%	-	4
			城镇非私营单位工资指数	1	-	4
	裁员素质	10	农民工平均年龄	岁	+	5
			劳动者平均受教育年龄	年	-	5
失业风险（35）	失业统计	5	城镇登记失业人数	百万人	+	1
			城镇登记失业率	%	+	1
			城镇调查失业率	%	+	2
			地级市登记失业人数	万人	+	1

续表

一级指标	二级指标	权重	三级指标	单位	性质	权重
失业风险（35）	供求匹配	10	供求比例	1	+	8
			沈阳供求比例	1	+	1
			长春供求比例	1	+	1
	供给压力	10	经济活动人口	百万人	+	1
			经济活动人口增速	%	+	1
			农民工总数	亿人	+	1
			农民工总数增速	%	+	1
			举家外出农民工比例	%	+	1
			本专科毕业人数	万人	+	1
			本专科毕业人数增速	%	+	1
			中职毕业人数	万人	+	1
			中职毕业人数增速	%	+	1
			中职毕业人数的占比	%	+	1
	需求动力	10	第二产业需求	万人	-	3
			第二产业需求变动	%	-	2
			第三产业需求	万人	-	3
			第三产业需求变动	%	-	2

资料来源：笔者整理。

本书选取2009年第1季度至2015年第4季度的相关数据构建指标体系，所有三级指标的选取既考虑到指标体系的逻辑一致性，也兼顾数据的可获取性。具体指标设置见表5－2，在动能风险方面：（1）经济动能由四个三级指标组成，经济增速是经济动能的核心变量，第二产业和第三产业投资水平对就业的影响也需要考虑，对外贸易对出口部门的就业影响深远。（2）结构动能主要考虑到劳动力向第三产业和城镇转移的大趋势。（3）整体动能主要通过城镇新增就业增速等显性指标反映就业的整体动能。在裁员风险方面：（1）裁员信号通过制造业和非制造业的相关景气指数反映行业发展状况，并用工资指数间接反映就业者的谈判能力。（2）裁员素质主要考虑到农民工和整体劳动者的整体素质是否能够适应短期的裁员，并转向其他行业的能力。在失业风险方面：（1）失业统计主要考虑失业人数和失业率，以及地级市登记失业率。（2）供求匹配通过31个大城市的供求比例反映供求情况，长春和沈阳可以反映经济下行严重的东北的情况。（3）供给主要考虑劳动力总量、农民工和大学生带来的就业风险。（4）需求动力则主要考虑非农部门的需求变动。

（三）就业风险的判断及预测

从实证的角度看，2009 年第 1 季度至 2015 年第 4 季度的计算结果显示，当前的就业风险低于全球金融危机爆发后的 2009 年，但相比 2014 年和 2013 年有较大幅度的上升。如表 5－3 和图 5－13 所示，本报告将 2009 年第 1 季度的所有风险标准化为 100，同时设定，当相关指标的数值下降时就业风险就会上升，整体看来，裁员风险和失业风险在最近几个季度的上升幅度较大，预计到 2016 年末，相关的就业风险将进一步上升。

表 5－3　我国就业风险的核算结果（2009 年第 1 季度至 2016 年第 4 季度）

时期（年．季度）	动能风险	裁员风险	失业风险	就业风险
2009.1	100.00	100.00	100.00	100.00
2009.2	100.73	109.01	102.33	103.77
2009.3	101.70	114.63	109.30	108.24
2009.4	102.46	119.58	112.79	111.21
2010.1	105.16	121.81	120.93	115.67
2010.2	104.51	123.97	116.28	114.47
2010.3	104.11	124.85	115.12	114.19
2010.4	103.89	125.46	117.44	115.11
2011.1	104.02	122.68	124.42	116.76
2011.2	103.86	123.69	124.42	117.00
2011.3	103.70	121.19	120.93	114.97
2011.4	103.44	117.26	120.93	113.71
2012.1	102.66	118.48	125.58	115.43
2012.2	102.42	123.17	122.09	115.53
2012.3	102.34	119.10	122.09	114.28
2012.4	102.46	119.71	125.58	115.73
2013.1	102.92	126.61	127.91	118.77
2013.2	102.76	122.54	124.42	116.28
2013.3	102.84	123.42	125.58	116.98
2013.4	102.83	121.53	127.91	117.22
2014.1	102.41	125.20	129.07	118.58
2014.2	102.41	123.31	129.07	118.01

续表

时期（年．季度）	动能风险	裁员风险	失业风险	就业风险
2014.3	102.41	121.34	126.74	116.61
2014.4	102.39	118.09	133.72	118.06
2015.1	102.07	123.05	130.23	118.22
2015.2	102.07	118.85	123.26	114.52
2015.3	101.99	116.82	126.74	115.10
2015.4	101.99	114.51	126.74	114.41
2016.4	100.59	113.23	125.73	113.18

资料来源：笔者整理。

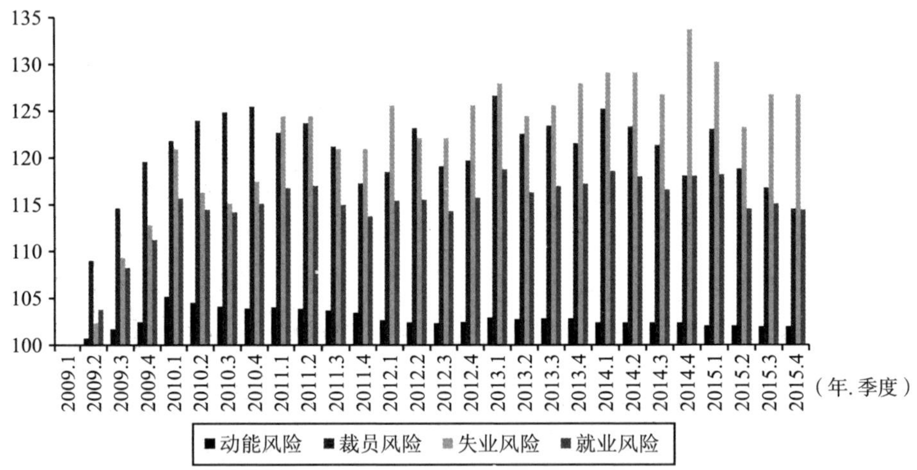

图 5－13　我国就业风险指数（2009 年第 1 季度至 2016 年第 4 季度）

资料来源：笔者整理。

附：

关于当前就业数据严重滞后经济形势的讨论

稳定的城镇新增就业、登记失业率和调查失业率数据，无法反映迅速变化的经济形势以及就业问题。2016 年 1～4 月全国城镇新增就业 443 万人，已经完成全年就业任务的 44.3%。2016 年第 1 季度末的城镇登记失业率为 4.04%，同比和环比都下降了 0.01 个百分点，31 个大城市城镇调查失业率同比下降 0.07 个百分点至 5.12%，环比持平。长期稳定的失业率数据（见图 5－14）掩盖了就业的深层次问题——产能过剩行业的人员分流问题、经济严重下行地区的严峻就业形势、大学毕业生就业难题等。

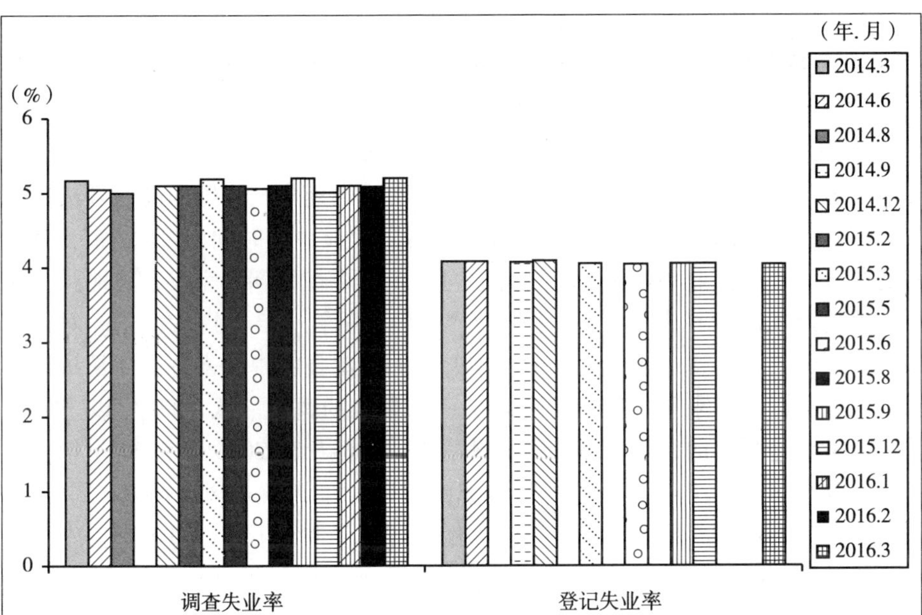

图 5-14 2014 年第 1 季度以来我国的调查失业率和登记失业率

资料来源：国家统计局、人力资源和社会保障部。

就业信息渠道和平台严重滞后于时代发展，无法满足决策需求。就业数据与经济数据同等重要，是宏观调控的重要依据，但我国长期缺乏统一的就业信息数据平台，微观调查数据和大数据技术也未能提供优质迅捷的就业数据。从国际经验看，美联储已经开始通过大数据技术统计失业状况，例如美联储数据库可以根据 Twitter 或 Facebook 用户关于失业的留言，以最快的速度统计失业状况。美联储的目标是减少实际的经济形势和决策层理解的经济形势之间的时间差。除美联储之外，以色列央行和英国中央银行都在寻求大数据给它们带来经济分析优势的方法。

国家统计局将在 2016 年推进改革并改进失业统计调查。国家统计局实现建立现代统计体系主要通过以下策略实现——推动统计管理向适应多元化、市场化、国际化转变，数据生产向科学运用互联网、云计算、大数据转变，统计服务向独立客观反映、预测预判预警和分析对策建议并重转变，实现统计数据质量、统计运作效率、政府统计公信力和依法治统水平“四个提升”。

官方统计体系和方法的改革难以在短期内完成，决策层应该主动加强同互联网企业合作，互联网企业掌握的数据和统计方法能有效弥补官方统计数据的滞后和不足。

第四节　经济新常态下的主要就业风险和应对政策

经济进入新常态以及适应新常态的过程，都给就业带来了层次迥异和程度不同的风险。在经济新常态下，以高投资和出口迅速增长支撑的高速增长将无法维持，制造业部门和劳动密集型出口部门在较长一段时期内都会陷入困境，制造业升级和服务业替代制造业成为主力产业很难在短期内完成，房地产去库存和落后产能出清在未来 4 ~5 年都会给中国经济社会产生巨大冲击。对绝大部分普通劳动者而言，无论从人力资本升级和劳动技能提高来看，还是从转换岗位乃至下岗失业来看，适应新常态是一个艰难的过程。从 2009 年以来的统计数据来看，当前的就业风险低于金融危机后，但相比 2013 年和 2014 年已经有所上升，2016 ~2017 年是适应新常态的关键时期，就业风险将从三个层面体现出来——首当其冲的是裁员风险，传统行业将继续下行，房地产去库存会进一步加剧下游行业的困境，这些因素和去产能会同时提高裁员风险；其次，产业升级步伐也绝非一片坦途，劳动力供需无法匹配会产生巨大的失业风险；最后，经济增速下滑和关键经济指标下行会明显削弱就业动能，这种就业风险也会处处牵绊其他重大改革措施。事有轻重缓急之分，就业风险更是如此，传统部门下行带来的裁员风险是最先需要应对的问题，如果不能处理好这一风险，改革很难获得稳定的社会环境。

（一）制造业和服务业裁员是就业风险的焦点

传统制造业部门的衰退是就业风险最主要的源头，经营困难的制造业和去产能的资源部门都会产生巨大的裁员风险。政策一直在鼓励逐步淘汰低端产业，同时在提倡服务业和高技术制造业。尽管更新、更充满活力的公司在中国呈上升的趋势，但风险在于这些公司的发展速度不够快，不足以弥补轻工制造业的空缺，轻工制造业虽然在收缩，但仍是全国各地的主要用人单位。一些传统的制造商对经济下行的反应，是把工厂向内地或海外搬迁，因为这些更远地方的成本通常相对较低。其他制造商则努力在国内市场上建立自己的品牌产品，以减少对出口订单的依赖，但在整体经济增速下滑的情况下很难维持。据初步估算，如果将中国工业部门的产能利用率提高到 85%，总共需要裁员 2000 万人，这是去产能的巨大压力。

裁员风险有从制造业部门向服务业部门蔓延的趋势。需求端萎缩、效率型挤出导致了城市生活性低端服务业的企业倒闭潮、关店潮，城市低端服务岗位的需求正在大幅缩减。受电子商务、互联网商业的影响，批发零售市场、大型商场、实体购物门店纷纷倒闭，相关从业人员增速放缓甚至出现下降的趋势。当然，结构性就业转移的机会仍在，快递行业、家庭养老服务等领域就业岗位随着相关需求的增长依然有一定的扩容空间，但是更加专业性岗位培训是必须的。大型跨国企业部门通过战略性收缩、全球业务重组，放缓了对新兴市场国家的市场开拓步伐，高级管理人员到技术性岗位的收缩从个案走向常态，甚至整个部门被裁减。根据中国欧洲商会的调查，由于中国经济增长速度已下滑至近 25 年来的最低水平，1/4 的驻华外企正在计划裁员。

中高端专业服务岗位的裁员风险也在蔓延。以房地产业为例，随着房地产投资、开发建设的缩减，相关的建筑设计、公关、广告营销订单大幅下降，直接影响相关服务企业的业务规模和收入，继而引发专业服务岗位的减少。另外，部分企业为了压缩成本，采取了就业岗位的结构性调整策略，大幅削减高薪酬部门和高端人员的比例，补充薪酬水平较低的一般性服务人员，引发高端部门的结构性失业潮。相似的逻辑同样适用于技术服务、传媒产业、咨询、商务服务等高端服务领域。

（二）明确形势和托底保障是应对就业风险的重点

建立常态化的调研机制，准确把握新常态的就业风险。系统设计严格规范的就业问卷，动员基层组织和企业的力量，以人口流出地和流动人口聚居点为调研突破口，对重点行业、地区和人群开展扎实的大样本访谈，密切关注就业者职业转换和企业用工需求的变化情况。以常态化的大样本调研为基础，构建科学缜密的就业数据库，组建专业化的就业形势分析团队，实时准确研判就业形势，确保经济转型过程中的充分就业和社会稳定。

加强就业服务能力建设，做好就业援助工作，加大托底安置就业力度，重点解决零就业家庭、残疾人等特殊困难对象就业。妥善做好产能过剩行业、兼并重组企业的职工安置工作。在根据地区经济社会形势发展需要，不断调整和完善促进就业政策的覆盖范围、帮扶对象、扶持手段和资金力度的同时，一是重点增加灵活就业政策与正规就业政策的衔接，鼓励城乡劳动者由非正规就业（灵活就业）向正规就业过渡；二是进一步强化政府“托底”安置政策与市场竞争就业政策的衔接，推动城乡劳动者由依靠政府“救济”向自主择业、就业转变，从而实现更高质量就业。完善失业动态监测工作机制，密切关注各地化解过剩产能和淘汰落后产能过程中的减员、待岗现象。对采取有效措施不裁员、少裁员，稳定就业岗位的企业，由失业保险基金给予稳岗补贴，主要用于职工生活补助、缴纳社会保险费、转岗培训、技能提升培训等相关支出。妥善解决化解过剩产能和结构调整中下岗分流职工的再就业以及劳动关系处理、社会保险关系接续等问题。

切实改善教育培训效果，提高劳动者的职业适应能力。推进教育制度的根本性改革，激励高校、职业院校主动调整学科专业结构和人才培养模式，增加市场亟须应用性专业人才的供给。严格规范职业分类和职业技能标准认定，建立公开、公正、透明的职业技能鉴定体系。对农民工等职业技能偏低的弱势群体，开展与市场需求紧密衔接的技能培训，提高其在经济转型过程中的就业适应性。加强街道就业和社会保障服务设施项目建设，在完善职业介绍、职业指导、职业培训、创业指导、就业实习等公共就业服务内容的同时，尽快实现就业与社会保障信息系统互联互通。改善就业援助的服务条件，对就业困难人员、特别是长期失业人员提供综合而精准的服务，有针对性地解决失业问题。同时，加强绩效考核，综合评定就业服务工作量和工作成果，并以此作为核发补贴资金的重要依据，促进服务质量提升。

提升出口产品国际竞争力，推进国内产业区域梯次转移。基于我国当前就业对外贸的依存度仍然较高，保持对外出口的平稳增长仍是实现就业稳定的重要途径。在经济新常态和开放大格局的背景下，要深入分析国际政治经济变化新趋势对我国出口市场的影响，积极化解出口环节遇到的瓶颈制约，进一步推动出口结构优化，提升出口产品国际竞争力。鼓励和支持国内自主品牌的发展和出口，提高出口产品的技术含量和附加值。大力发展技术密集型产业生产型服务业，培养具有国际竞争力的大型企业。加快复制推广自由贸易试验区的贸易便利化措施，进一步提高贸易便利化水平。切实改善融资服务，推动我国企业和产品走出去。通过提升出口产品的国际竞争力，来实现就业规模的总体稳定和就业结构的逐步优化。充分利用中西部地区仍然存在的劳动力成本优势，推动东部发达地区的部分产业向中西部地区转移，将一些劳动密集型产业和初级加工制造业在一定时期内仍然保留在国内，通过产业结构的调整和带动相关产业的发展，增加中西部地区的就业机会。鼓励东部发达地区与中西部地区加强合作，形成产业链上下游之间的产业联合，实现资源互补和优势共享。东部地区在转移劳动密集型传统产业的同时，也要加快向中西部地区转移电子信息、机械、医药和汽车等高端产业。

（三）就业风险研究需要全面的数据及案例支撑

本研究虽然尝试从经济新常态的特征出发研究就业风险，但目前依然处于起步阶段，除了方法以外，案例和数据支撑是进一步推动研究的关键因素。无论重大经济改革或者阶段性调整，就业都是社会稳定的第一要素，如何全面系统地监控评估就业风险一直以来都是政策研究的焦点，但受研究方法和研究素材的限制，许多研究只能选取“冰山一角”开展研究，使得就业风险无法全面清晰呈现，更多的投入是推动这项研究的关键所在。

参考文献

［1］敖荣军．制造业集中，劳动力流动与中部地区的边缘化［J］．南开经济研究，2005（1）．

［2］蔡昉，王德文，都阳，王美艳．技术效率，配置效率与劳动力市场扭曲——解释经济增长差异的制度因素［J］．经济学动态，2002（8）．

［3］蔡昉．为什么“奥肯定律”在中国失灵——再论经济增长与就业的关系［J］．宏观经济研究，2007（1）．

［4］杜两省．《中国经济运行风险研究报告（2008）》评述［J］．上海立信会计学院学报，2009（23）

［5］胡昭玲，刘旭．中国工业品贸易的就业效应［J］．财贸经济，2007（8）．

［6］黄波，王楚明．基于排序 logit 模型的城镇就业风险分析与预测——兼论金融信用危机情形下促进我国就业的应对措施［J］．中国软科学，2010（4）．

［7］林毅夫．新结构经济学——重构发展经济学的框架［J］．经济学，2010（9）．

［8］蒲艳萍，吴永球．经济增长，产业结构与劳动力转移［J］．数量经济技术经济研究，2005（9）．

［9］万解秋，徐涛．汇率调整对中国就业的影响——基于理论与经验的研究［J］．经济研究，2004（2）．

［10］邬爱其，贾生华．我国产业就业结构的偏差及优化［J］．经济纵横，2003（1）．

［11］夏杰长．我国劳动就业结构与产业结构的偏差［J］．中国工业经济，2000（1）．

［12］杨云彦，徐映梅，向书坚．就业替代与劳动力流动：一个新的分析框架［J］．经济研究，2003（8）．

［13］姚战琪，夏杰长．资本深化，技术进步对中国就业效应的经验分析［J］．世界经济，2005（1）．

［14］姚枝仲，周素芳．劳动力流动与地区差距［J］．世界经济，2003（4）．

［15］周勤，吴利华．产业结构、产业竞争力和区域就业差异［J］．世界经济，2008（1）．

［16］周申，杨传伟．国际贸易与我国就业：不同贸易伙伴影响差异的经验研究［J］．世界经济研究，2006（3）．

［17］Altig，D.，Fitzgerald，T. J.，Rupert，P.. Okun's law revisited：should we worry about low unemployment?［J］. Economic Commentary，1997（4）.

［18］Fu，X.，Balasubramanyam，V. N.. Exports，foreign direct investment and employment：the case of China［J］. The World Economy，2005（28）.

［19］Greenaway，D.，Hine，R. C.，Wright，P.. An empirical assessment of the impact of trade on employment in the United Kingdom［J］. European Journal of Political Economy，1999（15）.

[20] Meeusen, W., van Den Broeck, Efficiency estimation from Cobb – Douglas production functions with composed error [J]. International Economic Review, 1977 (18).

[21] Okun, A. M., Potential GNP: its measurement and significance, in: Association, A. S. (Ed.), Proceedings of Business and Economics Section, 1963.